Wolfgang Wimmer | Der Cotopaxi

AF223311

Titelbild: *Kira Tolkmitt*

Für Edwige

Herstellung und Verlag:
Books on Demand GmbH, Norderstedt
ISBN 978-3-8423-5895-9

Internet | http://bassho.jimdo.com

Gestaltung und Satz:
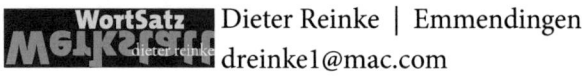 Dieter Reinke | Emmendingen
dreinke1@mac.com

DER COTOPAXI

Wolfgang Wimmer

Einen Weg zweimal beschreiben

Vorwort

Ein Teil der vorliegenden Geschichte wurde bereits veröffentlicht (W. Wimmer: Denk einfach, diese Frau dort sei deine Mutter, Rowohlt, Taschenbuchverlag 1989).

Ich habe darin erzählt, wie mein Adoptivsohn und ich in seinem Heimatland Ecuador nach seinen Eltern gesucht und wie wir einige Berge bestiegen haben, zuletzt den Cotopaxi.

Jetzt habe ich die Erzählung um einige ebenso wahre Begebenheiten ergänzt und aufgeteilt. Der erste Teil spielt vorwiegend in der Hauptstadt Quito, der zweite außerhalb im Land. Die chronologische Abfolge wird nun erst am Ende ganz klar. Aber ihre richtige Zusammensetzung wäre nur ein müßiges Puzzlespiel.

Mich hat etwas anderes interessiert. Es gibt zwei Weisen, einen Weg (oder einen Lebensweg) zu beschreiben oder eine Geschichte (oder eine Lebensgeschichte) zu erzählen. Die eine ist offenkundig, die andere mehr oder weniger versteckt.

Im ersten Teil wird auf herkömmliche Weise berichtet. Wir bewegen uns durch Quito, suchen die Eltern und begegnen verschiedenen Menschen, während die Zeit wie unabhängig davon vergeht. Wir begeben uns da und dort hin, halten uns da und dort auf, kehren um und zurück, zuletzt besteigen wir den Cotopaxi und hier endet die Geschichte.

Im zweiten Teil betrachte ich sie vom Ende her. Aus dem Hin und her im Raum wird ein Nacheinander in der Zeit. Die Zukunft, in die wir hineingingen und die uns verborgen war, ist nun für mich enthüllte Vergangenheit, aus der ich uns geradewegs auf mich zukommen sehe. Sie sind unterwegs durch Tage und Nächte zu dem Tag, der für mich heute ist und zu der Landschaft, die vom Licht dieses Tages erhellt wird und die für sie noch unbetretbar und unbegehbar ist. Sie nähern sich auch dann, wenn sie sich , räumlich gesehen, entfernen.

Sie halten sich also nicht, wie im ersten Teil, in der Weite des Raumes auf und begeben sich auf einen Weg, der sie hin und her, vor und zurück führt; sondern sie sind auf einem Weg durch die Weite des Lebens, die sich zwischen Anfang und Ende auftut, und der gerade unaufhaltsam und unumkehrbar ist und sich begibt.

Teil I

1

Ich wußte nicht, wohin ich schauen sollte. Das Hotelzimmer schien nur aus Glas zu sein, es gab den Blick nach Norden, Süden und Westen zugleich frei. Ich trat auf den Balkon. Es kam mir vor, als würde ich mich in großer Höhe auf einem Gerüst befinden. Den Kopf in den Nacken zurückgelegt, hielt ich mich am Geländer fest und ließ den Blick an der Front des Hauses hinunterstreifen. Die einzelnen Stockwerke glichen aufeinandergeschichteten Glasquadern.

Der Hang führte in eine Schlucht hinunter. Dort lag ein Dorf, und links, etwas abseits davon, befanden sich drei langgestreckte, hohe Gebäudezüge, die rechtwinklig aneinanderstoßend einen Innenhof einrahmten. An dessen Rückseite lag, der genau gegenüberliegenden Gebirgskette zugewandt, ein weiteres, größeres Gebäude. Das Ganze war ein Kloster. In der Nähe standen einzelne Palmen.

Ein mächtiger Mond stand über dem gigantischen, in der Nacht schwarz daliegenden Vulkan. Der Mondschein brachte das Dorf ganz am Fuß der Bergkette wieder hervor, das in der Dunkelheit der Nacht, die so plötzlich hereingebrochen war, verschwunden war. Der Mond stand hoch am Himmel und schien weit weg zu sein, gleichzeitig war er sehr nah und so gegenwärtig, daß er wie dort aufgehängt wirkte. Das Dorf lag senkrecht unter mir, und ich hatte das Gefühl, mitten in der Welt zu sein und gleichzeitig in einem Flugzeug über sie hinwegzuschweben. Das Dorf hatte keine Straßenbeleuchtung. Trotzdem waren die Umrisse der Häuser und des Klosters so scharf, daß ich sie mit den Fingern hätte umfahren können.

Als ich mich umdrehte, bemerkte ich Rafael, meinen Sohn. Er stand hinter mir. Die ganze Zeit hatte ich nicht an ihn gedacht, obwohl wir doch seinetwegen die Reise gemacht hatten. „Siehst du den Berg dort? Er liegt im Süden der Stadt. Es muß der Cotopaxi sein. Er ist schön. Er ist beinahe sechstausend Meter hoch und der höchste tätige Vulkan der Erde. Wenn wir dort oben stehen, werden wir weit über das Land und die Stadt sehen können. Meinst du, wir werden hinaufkommen?"

Rafael zuckte mit den Schultern. „Ich weiß nicht. Ich glaube schon."

Draußen, ganz in der Nähe, schlugen Hunde an, sehr laut und aggressiv. Kurz darauf fielen andere in das Bellen mit ein. Durch die Hunde wurde ich erst auf die Geräusche der Nacht aufmerksam, und ich horchte nun bewußt in die Dunkelheit.

„Ich bin müde", sagte Rafael.

„Es ist kein Wunder nach dem Flug." Ich schaute noch einmal zum Vulkan hinüber. „Meinst du, wir werden es schaffen?"

„Ich glaube schon. Aber weißt du, was mir noch wichtiger wäre? Wenn wir meine Eltern finden würden."

„Ja", sagte ich, „aber wie sollen wir sie finden?"

2

Am Morgen war es im Zimmer still. Ich achtete auf jedes Geräusch, so, als müsse es in diesem Land von Bedeutung sein. Ich hörte keinen Straßenlärm. Das Dorf lag tief unten, ein paar hundert Meter den Hügel hinab. Hin und wieder fuhr auf der Straße, die in Serpentinen ins Tal führte, ein Auto, aber da ich auch davon kein Geräusch vernahm, kam es mir vor, als sei alles sehr weit weg von mir.

Plötzlich bellten wieder die Hunde in der Nachbarschaft. Sie schlugen kurz an und verstummten abrupt. Ich nahm an, daß jemand, der zum Haus gehörte, zu ihnen herausgekommen war. Unter der geöffneten Balkontür und an den Türrahmen gelehnt blieb ich lange stehen, um zu schauen. Im Süden lag der Vulkan, über dem wir in der Nacht den großen Mond gesehen hatten. Er war schneebedeckt, und die klaren Umrisse seiner Kuppe stachen in das Blau des Himmels.

Es war mir nicht recht, als der Portier aufstand, um uns die Tür aufzuhalten. Er grüßte freundlich, und lachend nickte er mir zwei-, dreimal zu, als ich ihm den Türgriff aus der Hand nehmen wollte, den er nicht losließ. Mit einer sicheren und kontrollierten Handbewegung drückte er hinter uns die Tür ins Schloß.

Wir gingen ein Stück die Straße hinauf. Nach ein paar Metern kamen wir an einem Denkmal vorbei, das an eine Expedition erinnerte, die vor Jahrhunderten von dieser Stelle aus in den Urwald aufgebrochen war. Rechts sahen wir hinter Zäunen die großen Hunde, die, wie ich annahm, in der Nacht gebellt hatten, und die auch jetzt wieder anschlugen, als wir uns den Häusern, zu denen sie gehörten, näherten. Einer bäumte sich vor Erregung auf und stand, mit den Vorderpfoten an den Zaun gestützt, da und bellte, den Kopf flach nach hinten gelegt, so daß er mit dem Rücken eine gerade Linie bildete, den Himmel an. Obwohl ich die Hunde lächerlich fand, verließen wir den Gehweg und gingen auf der Straße weiter, die ganz und gar unbefahren war.

Nach rechts abbiegend kamen wir ein Stück an einer Mauer entlang, die um das Gelände eines großen Hotels führte. Vor dem Hotel waren einige Autos geparkt, an denen ein paar braunhäutige Männer mit Lappen in fast liebevollen Bewegungen polierten. Eine Straße, die von der Stadt heraufkam, zweigte sich in eine breite und komfortable Auffahrt ab, die vor dem Eingang des Hotels mündete und von dort in sanftem Bogen wegführte, um sich nach einigen Metern wieder an die Straße anzuschließen, die weiter nach Norden führte. Ein Wagen fuhr heran und ein Bediensteter des Hotels trat heraus, um die Türen zu öffnen.

Wir blieben eine Welle stehen. Ich wußte nicht, wohin wir gehen sollten. An der Straße hielt ein Bus, und man sagte mir, daß er nach Süden fahren würde zur Altstadt, vorbei an der Plaza Grande. Man nahm wohl an, daß ich in das Zentrum wollte.

Eine Indianerin stieg ein. Sie war barfuß, was ich erst bemerkte, als sie ihre Röcke mit der einen Hand zusammenraffte, um sich nicht in der Weite des in zahllosen Falten gebauschten Tuches beim Einsteigen zu verfangen. Ihre Füße waren schmutzig, fast schwarz und rissig. Beim Anheben des Fußes sah ich hellere Fältchen in der Haut, die sich kurz öffneten, als sich die Glieder der Zehen bewegten. Ich starrte auf die Füße, die kompakt, kurz, gedrungen und beinahe plump mich an Bärentatzen erinnerten. Die Indianerin war schon fast im Inneren des Busses verschwunden, als ich entdeckte, daß sie ein Huhn in ein Tuch eingebunden auf dem Rücken mit sich trug.

Der Bus fuhr weg. Ich versuchte, mir darüber klar zu werden, woher die leichte Verstimmung rührte, die ich verspürte. Mir fiel die künstliche, grellorangene Farbe des leichten, aus der Fasson geratenen Synthetik-Jäckchens ein, das die Frau angehabt hatte. Ich überlegte, ob es aus Dralon gewesen war oder aus Acryl. Die Indianerin kam mir in dieser Kleidung geschändet vor. Genau dieser Begriff drängte sich mir auf, und dann dachte ich mit Bestürzung, daß solche Kleinigkeiten mich verwirren und durcheinanderbringen konnten. Aber vielleicht waren es auch keine Kleinigkeiten, ich wußte es nicht.

Wir standen noch immer unschlüssig herum und spürten, daß wir beobachtet wurden. In einem winzigen Kiosk stand ein alter Mann und betrachtete uns neugierig aus wachen Augen. Er verkaufte Kaugummis und unappetitlich aussehende Kekse. Ich drehte mich ab, prägte mir aber die Stelle ein, da hier offenbar die Busse vorbeikamen, die stadteinwärts fuhren. Ein Taxi fuhr langsam an uns vorüber. Der Fahrer hatte die Scheibe heruntergekurbelt und, den Ellbogen auf das Seitenfenster gelegt, hielt er mit den Fingern das Steuer. Mir mißfiel die Haltung. Mit einer Handbewegung wies ich seine einladende Geste ab. Wir gingen in nördlicher Richtung weiter.

„Hast du bemerkt", fragte ich Rafael, „daß uns die Leute ansehen?

Es ist lästig, weil man sich gar nicht unbefangen bewegen kann. Man beginnt, sich selbst von außen anzublicken, als sei man sein eigenes Spiegelbild."

„Ich glaube, sie sehen dich wegen deiner großen Nase an."

„Nein, Europäer gibt es genug hier. Aber hast du schon jemand gesehen, der aussieht wie du? Auch die Indios hier oben im Hochland sehen anders aus. Gewiß würden sie dich auch anstarren, wenn du allein hier wärst. In Deutschland fällst du weniger auf."

„Vielleicht liegt es daran, daß ich ordentlich gekleidet bin."

„Oder daran, daß wir zusammen sind, wir sind ein seltsames Paar."

Wir waren kurzatmig und merkten, daß wir öfter Luft holen wollten und immer wieder ein wenig stehen blieben. Dann folgten wir mehreren abschüssigen Straßen hinunter und bogen schließlich in eine andere ein, die hinaufführte. Hier standen Hochhäuser aus Beton und Glas mit streng an den Hausfronten ausgerichteten Balkons. Ich war verdrossen, weil wir diese Richtung gewählt hatten, und ging trotzdem weiter. Plötzlich fielen mir die Blumen in den Gärten auf. Manchmal hingen die Ranken über die Stützmauern herab bis auf den Gehweg. Feste Türen, eingelassen in die Zäune, verriegelten den Eingang. Die Straßen waren menschenleer.

Rafael war einige Meter zurückgeblieben. Er lief hinter mir her, direkt in meiner Spur. Seit ich ihn kannte, hatte er diese Angewohnheit. Ich mochte es nicht, weil ich mir vorstellte, es müsse einen Beobachter an einen gehorsamen Hund erinnern, der seinem Herrn auf dem Fuß folgt. Daher rief ich ihn zu mir.

„Laß uns heute noch nicht so viel unternehmen", sagte ich. „Aber morgen oder übermorgen gehen wir ins Waisenhaus."

Wir kamen durch ein Viertel mit engen, zum Teil terrassenartig angelegten Wegen. Dann standen wir auf einer Straßenkreuzung, die die Sicht auf die Stadt freigab. Es kam mir vor, als bewegten sich die Häuser und Straßenzüge Quitos von Süden herkommend durch das schmale Tal dem Norden zu. Jenseits erhoben sich die blaugrünen Hügel, die zu den Hängen des Pichincha hinaufführten. Erosionskerben und Flanken durchschnitten die Ausläufer, an deren sanfter erscheinenden Hängen sich die Stadt, der es im Tal zu eng wurde, hochschob.

3

Ein endloser Verkehr kam von den Ausläufern des Pichincha durch die engen Gassen und Straßen der Altstadt herunter und bog, noch ehe er die Talsohle erreicht hatte, nach Norden ab, kam an Parks vorbei, die die Grenze zur modernen Stadt bildeten, und verlor sich in Gegenden, die wir nicht kannten. Andere Straßen waren für die Autos gesperrt oder zu eng, dort hatte sich ein riesiger Markt mit Verkaufsständen für Textilien, Schuhe und Hausrat auf beiden Seiten gebildet, zwischen denen sich die Menschenmenge hindurchzwängte. Elektrische Kabel baumelten quer über der Straße von einem Haus zum anderen und liefen außen an den Hauswänden entlang. Die Fallrohre der Dachrinnen endeten auf halber Höhe, der Putz fiel von den ehemals weißen Wänden ab, die rotbrauen Dächer waren zum Teil zerstört oder reparaturbedürftig, und doch sahen wir, daß die Stadt einmal schön gewesen war. Im Vorbeigehen, hinter den Marktständen fast versteckt, entdeckte ich eine festungsähnliche Kirche mit einer mächtigen Kuppel und einer großen Freitreppe, die das Bodengefälle überwand. Zu Fuß gelangten wir in die elenden Straßen im Armenviertel, in dem die Indios wohnten und ihren Handel auf der Straße trieben. Wir sahen eine Frau, die ein kleines Kind im Arm hielt und sich mit ihm auf einer Kirchentreppe wälzte. Die Leute blieben stehen und schauten ihr zu. Nur ein paar Meter weiter pißte ein alter Mann gegen die Kirchenwand. Ich überlegte, wie viele Tage und Nächte er wohl noch durch die Stadt ziehen würde. Ich sah seine Leiche irgendwo liegen, und als er jetzt weiterging, schien er auf sie zuzugehen und seine Bewegungen bekamen fast etwas Zielstrebiges.

Eine Greisin spielte mit ihren schlaffen Brüsten und kicherte dabei. An einer Ecke zupfte ein blinder Neger auf seiner Gitarre herum, die nur noch vier Saiten hatte. Ein Lastträger saß erschöpft auf einer Treppe und stierte vor sich hin. Eine Indiofrau suchte in den Haaren ihres Jungen nach Läusen, die sie zwischen den Zähnen zerbiß. Ein kleines, verschmutztes Kind war in einem Pappkarton abgesetzt, damit es nicht weglief. Eine Frau ohne Beine robbte, auf Hände und Unterarme gestützt, die Straße entlang, indem sie den Rumpf hinter sich herzog. Sie machte bei einer Indiofamilie halt, die auf dem Pflaster saß, und richtete sich auf. Ich befürchtete, daß sie umfallen würde, aber zu meinem Erstaunen blieb sie stehen. Ein alter Mann ging auf der Fahrbahn. Er wechselte ständig die Richtung, als sei er betrunken. Aber er ging den Papierfetzen nach, die auf der Straße lagen. Er sammelte sie auf und klemmte sie unter den Arm. Als es ein Bündel geworden war, schleppte er sich damit ein Stück die Straße entlang. In einem dunklen Hausflur breitete er das Papier aus und legte sich darauf, um zu schlafen.

Ich blickte immer wieder Rafael an. Sein Gesicht blieb unbewegt. Ich nahm ihn an der Hand.

4

Auf der Plaza Santo Domingo schleppten vier junge Männer einen schwergewichtigen Menschen an Armen und Beinen zum Brunnen in der Mitte. Er wehrte sich zappelnd, und seine Hose rutschte ihm unter den dicken, aufgedunsenen Bauch. Die Männer packten noch fester zu, bis er seinen Widerstand aufgab und wie ein Toter zwischen ihnen hing. Sie warfen ihn über den Brunnenrand und liefen davon. Ein Polizist ging, scheinbar gelangweilt, vorüber und tat so, als hätte er nichts gesehen. Die Leute, die auf dem Platz herumstanden, hatten zugesehen, teils lüstern und teils amüsiert. Rafael sagte: „Ich habe noch nie so etwas Gemeines gesehen." Nach einer Weile erschien der Mann, triefend vor Nässe, hinter dem Brunnenrand, seine Hose war unter sein Geschlechtsteil gerutscht.

Vom Platz führten Straßen in alle Richtungen. Eine lief in weitem Bogen um den Panecillo herum, einem Vulkanberg, von dessen Spitze ein goldener Engel herabblickte, zu den neuen Vorstädten, die sich in seinem Rücken befanden. Wir folgten ihr, denn ich hatte auf dem Stadtplan gesehen, daß in dieser Richtung das Waisenhaus liegen mußte. Die Straße war leicht abschüssig und stark befahren, zu beiden Seiten lagen die weißgetünchten Häuser der Altstadt.

Ich sah Rafael an und wunderte mich, daß er mein Kind war. Er blieb plötzlich vor einem Haus stehen. Es wirkte abweisend, die Klappläden vor den Fenstern waren verschlossen, sogar die Tür sah abgeschlossen aus.

„Das Haus kenne ich", sagte er.

Ich sah ihn in diesem Augenblick genau an. Ein Lächeln huschte über sein Gesicht, als würde ihm das Wiedererkennen große Freude bereiten. Ähnlich muß es wohl einem Menschen ergehen, der an einem Ort plötzlich etwas zu erkennen glaubt und dafür keine andere Erklärung hat als die, er müsse in einem anderen Leben schon einmal da gewesen sein.

„Woher willst du das wissen?" fragte ich.

„Ich bin mit Sor Julia vor der Abreise hier gewesen. Ein alter Mann hat meinen Kopf abgemessen, und sie erklärte ihm, wie er den Stoff zuschneiden sollte. Am nächsten Tag holten wir ein kleines Militärkäppchen ab. Ich bekam es zum Andenken. Es war nicht weit weg vom Waisenhaus.“

Ich erinnerte mich. Es war ein gelbgrünes Soldatenkäppi aus Leinen gewesen, das die Form eines Segelschiffchens hatte, wie sie Kinder aus Papier falten. Er hatte es bei seiner Ankunft aus seiner Plastiktasche gezogen, sich auf den Kopf gesetzt und uns dabei triumphierend angeschaut. Er hatte wie ein verletzter Soldat auf Heimaturlaub ausgesehen, aus seinen Ohren floß der Eiter wie manchmal bei Kindern der Rotz aus der Nase.

„Woher willst du das wissen?“ fragte ich wieder.

„Ich weiß es.“

Wir gingen zum nächsten Haus. Hinter einem kleinen, vergitterten Schaufenster lagen Tapferkeitsorden, Medaillen, Schulterklappen.

„Vielleicht ist es hier gewesen“, sagte ich.

„Nein, in dem anderen Haus. Das hier ist zu fein.“

Wir gingen zurück, und an der Fassade entdeckte ich ein kleines Schild mit der Aufschrift: militärische Utensilien.

„Jetzt mußt du uns führen", sagte ich.

Einige Meter die Straße hinab stießen wir auf einen kleinen Park. Links lag ein repräsentatives, schloßartiges, weißes Gebäude. Es war durch ein Eisengitter abgesperrt, und am Eingang kontrollierten Soldaten die Passanten, die ein und aus gingen.

Rafael blieb stehen und sah sich einen Moment lang unschlüssig um.

„Ich bin nicht ganz sicher", sagte er. Dann durchquerten wir den Park. Er ging langsam auf eine Gasse zu, die sich zwischen dem Gebäude und einer Kirche am Ende des Platzes auftat. Zunächst hatte ich sie gar nicht bemerkt. Er blieb abermals stehen, blickte auf seine Handfläche und meinte: „Es ist so, als ob ich einen Plan in der Hand habe, auf den ich bloß zu blicken brauche. Er ist dort eingeprägt wie die Handlinien."

Die Gasse machte einen düsteren und verschlossenen Eindruck. Einige Meter führte sie zwischen eingeschossigen Häusern hindurch, deren Fenster vergittert waren, und endete vor einem halboffenen, von zwei Betonklötzen eingefaßten Holztor. Dort lagen Sand und ein Haufen hingeworfener Steine, die irgend jemand vor langer Zeit abgeladen hatte, die man vergessen hatte, und die nun noch älter aussahen als Steine sonst.

Hinter dem Tor sah es freundlicher aus. Die Gasse führte noch einige Meter weiter, dann gelangten wir an einen quadratischen, mit Gras bewachsenen Platz. Der Rasen war an einigen Stellen grün und an anderen grau und wirkte wie ein abgelaufener Teppich. Auf zwei Seiten lagen einfache, zweistöckige Reihenhäuschen, die sich nur in den Farben rosa, gelb und blau unterschieden. Auf der dritten Seite wurde der Platz von einer Mauer abgeschlossen, hinter der ein Hochhaus aufragte, von dem sechs Stockwerke zu sehen waren. Dahinter stieg der Panecillo empor. Bis zur Hälfte reichten die Häuser der Altstadt mit ihren weißen Fassaden und braunroten Ziegeldächern, dann wurden sie spärlicher, es gab nun Büsche und Grasflächen, auf denen Ziegen, Schafe und sogar Kühe weideten. Ganz oben stand der goldene Engel, er wirkte sehr klein von hier und hatte uns die Schulter zugekehrt.

Wir hatten noch keinen Menschen gesehen, als eine Schwester auf uns zukam und uns argwöhnisch musterte. „Wohin wollen Sie?“, fragte sie. Ich erklärte ihr, warum wir gekommen waren, und sogleich wurde sie freundlicher.

„Kommen Sie, ich bringe Sie zur Oberin.“ Sie nahm Rafael an der Hand und führte uns in eines der Gebäude.

Die Oberin sah uns wohlwollend an. „Es ist selten, daß jemand zurückkommt. Spricht er noch spanisch?“

„Nein, nur deutsch. Er hat seine Muttersprache verloren, während er die andere lernte. Das ist so. Er hat allerdings viel Zeit gebraucht. Es hat ihm große Mühe gemacht, deutsch zu lernen.“

Die Oberin sah mich fragend an.

„Es war nicht wie bei anderen Kindern, wenn sie eine Sprache lernen. Zuerst kann man noch die einzelnen Wörter zählen. Aber plötzlich werden es immer mehr, sie werden zahllos wie die Blätter und Blüten an einem Baum, wenn es Frühling wird. Bei ihm ist es anders gewesen. Jedes Wort hatte seine Entstehungsgeschichte. Ich glaube, meine Frau könnte Ihnen von jedem Wort erzählen, wann und wo er es erlernt hat. Er kann nur mit einem Hörgerät hören.“

Ich hatte mir zwar vorgenommen, nichts von seiner Behinderung zu sagen, aber trotzdem sprach ich jetzt davon. Mir war nicht ganz klar, was mich dazu trieb.

„Ohne Gerät kann er gar nicht hören?“

„Doch, aber nur einzelne und einfache Wörter und nur dann, wenn man schreit. Wenn er gar nichts hören könnte, würde auch ein Hörgerät nichts nützen. Es wäre so, als würde man einem Blinden eine Brille aufsetzen. Es wäre bloß ein böser Scherz.“

Rafael saß still daneben. Mir kam es vor, als ob wir über ihn sprachen wie über einen Gegenstand. Ich bat ihn, das Hörgerät abzunehmen. Er streifte es, ohne eine Miene zu verziehen, ab und hielt es am Bügel, der sonst durch die Haare verdeckt war, fest.

„Es ist schlimm", sagte die Oberin.

„Sie können doch nichts dafür. Er war gern hier, hat er erzählt. Mit dem Hörapparat kann er auch ganz gut hören."

Während wir uns unterhielten, waren Kinder hereingekommen. Sie blickten uns scheu an und scharten sich um die Oberin.

Sie hatten sehr große Köpfe. Dagegen waren ihre Körper klein. Sie wirkten nicht wie Kinder, sondern eher wie Kleinwüchsige, deren Köpfe normal gewachsen, aber deren Körper klein und zurückgeblieben waren, denn sie hatten ernste und alte Gesichter. Sie trugen kurzes, gescheiteltes Haar. Es war mit Wasser angefeuchtet worden, man sah noch die Spuren des Kammes. Einige nahmen, als sie uns erblickten, eine stramme, militärische Haltung ein, wie sie es vielleicht bei den Posten im Park gesehen hatten. Fast alle hatten lange Hosen, Pullover und Turnschuhe an. Die Kleidung war einfach und sauber, aber die einzelnen Stücke paßten nicht zueinander.

„In welcher Gruppe ist er denn gewesen?" fragte die Oberin.

„Bei Sor Julia. Sie hat uns geschrieben. Ist sie hier? Ich würde sie gern sprechen."

„Nein, sie arbeitet jetzt in Cuenca."

„Dort werden wir nicht hinkommen. Bestellen Sie ihr einen schönen Gruß, wenn sie kommt. Sagen Sie ihr, daß Rafael García und sein Vater hier gewesen seien."

Ein kleines Mädchen kam mit einem Prospekt des Waisenhauses. Es war klein, dick und fröhlich, und es zeigte auf ein kleines, dickes, fröhliches Kind auf dem Prospekt und sagte: „Das bin ich."

Ein anderes Mädchen trug ein weißes Spitzenkleid. Es wirkte wie eine kleine Braut oder wie ein winziges Kommunionskind. Das Kind hatte eine Fratze, und es war alt genug, um es zu wissen, und daher schämte es sich.

„Was hat das Kind?" fragte ich.

„Komm her, Cristina", sagte die Schwester und nahm sie auf den Schoß.

„Sie hat noch eine Mutter. Als sie an einem Wochenende zu Hause war, um die Mutter zu besuchen, hat sie sich mit flüssigem Kerosin das Gesicht verbrannt."

Die eine Gesichtshälfte bestand nur noch aus einem Stück Haut, so ausdruckslos und unerleuchtet wie ein Stück vom Rücken oder vom Oberschenkel. Wahrscheinlich war das Gesicht einmal hübsch gewesen, aber nun schien es, als wolle die eine erhaltene Gesichtshälfte der anderen zerstörten und gesichtslosen eine Fratze schneiden.

Man wußte eigentlich nicht, wer das Kind war, und am liebsten hätte ich die Hände vor das Gesicht geschlagen. „Niemand wird sie adoptieren", sagte die Oberin.

„Können wir das Haus sehen, in dem Rafael gelebt hat?"

„Aber natürlich." Die Oberin rief eine Schwester, die uns über den Rasenplatz zum gegenüberliegenden Haus führte.

„Ist das das Haus?" fragte ich Rafael.

„Ich weiß nicht."

Ich sah ihn an und merkte, daß er angestrengt nachdachte.

„Es war das Haus von Sor Julia", sagte die Schwester, als wir eingetreten waren.

„Aber die Betten waren anders", meinte Rafael.

Ich übersetzte.

„Richtig", sagte die Schwester. „Die Betten sind neu."

„Es waren Eisenbetten."

Die Schwester nickte. Rafael sah aus, als wäre er eben aufgewacht und würde einem Traum nachsinnen, der ihm gerade entglitt.

Das Hochhaus war noch nicht da", sagte er.

„Werden noch immer Kinder ausgesetzt?" fragte ich.

„Ja. Im Augenblick kommt es wieder häufiger vor. Jede Woche bekommen wir ein Kind, das ausgesetzt wurde. Meistens verlassen die Männer ihre Familien. Die Frauen stehen allein da."

„Manchmal will eine Frau auch zu einem anderen Mann, und das Kind ist im Weg", sagte ich.

„Ja, das kommt vor, aber meistens sind es die Frauen, die von den Männern verlassen werden."

„Wir würden gern etwas über seine Vergangenheit erfahren", sagte ich. „Es ist sein Wunsch. Vielleicht gibt es irgendwelche Aufzeichnungen."

„Wir haben ein Archiv", sagte die Schwester. Sie führte uns in das erste Haus zurück. In einem kleinen Nebenraum stand ein Schrank, in dem die Akten aufbewahrt wurden. Sie waren nach Jahren zu Stößen gebündelt. Auf jedem Stapel standen eine Jahreszahl und die Namen der eingelieferten Kinder. Wir fanden Rafael unter der Jahreszahl 1977. Er löste aufgeregt die Schnur und suchte unter den etwa fünfundzwanzig Akten nach seiner. Sie war nicht darunter.

„Nun", fragte die Oberin, die hereingekommen war und uns zugesehen hatte.

Ich schüttelte den Kopf.

„Aber er muß darunter sein."

„Aber er ist es nicht."

„Vielleicht ist er in einen anderen Stapel unter eine falsche Jahreszahl gerutscht. Sie können überall nachsehen."

Wir blätterten die Akten durch und betrachteten die Fotos, die die zukünftigen Eltern geschickt hatten. Sie saßen in schmucken Häusern mit gepflegten Vorgärten, kinderlose Ehepaare, geschlagen vom Fluch der Unfruchtbarkeit, traurige Wesen, die endlose Ehejahre vor sich hatten, trostlos wie eine nie endende Regenzeit. Das Waisenhaus erschien mir auf einmal wie ein Auffang- und Sammellager für Kinder, die in viele Teile der Welt verschickt wurden. Wenn sie dort auftauchten, verzogen sich die Wolken über den Häusern, der Regen hörte auf, und ein Stück blauer Himmel mit einer lachenden Sonne erschien.

Die Oberin war wieder hereingekommen. Sie sah uns an den Gesichtern an, daß wir nichts gefunden hatten.

„Es tut mir schrecklich leid", sagte sie. „Aber ich bin noch nicht lange hier."

„Sie können ja nichts dafür", sagte ich wieder, aber es kam mir vor, als hätte man Rafael eben die Vergangenheit gestohlen. Wir wollten uns gerade verabschieden, als die Schwester kam, die uns das Haus von Sor Julia gezeigt hatte. Sie trug ein Buch aufgeschlagen in den Händen. „Hier steht es", sagte sie immer wieder, „hier steht es. Er ist am 23. April 1977 vom Roten Kreuz gebracht worden."

„Was ist das?" fragte ich.

Die Oberin hatte sich über das Buch gebeugt und antwortete: „Es ist das Einlieferungsbuch. Hier wird aufgeschrieben, wann und von wem ein Kind gebracht wurde. Es war das Rote Kreuz."

„Das ist doch eine Spur", meinte ich. „Wir werden hingehen, morgen."

5

Wir traten auf die Straße hinaus, kamen wieder durch den Park, gingen an dem Geschäft vorbei, in dem Sor Julia die Mütze für Rafael gekauft hatte, und stiegen eine Altstadtstraße hinauf, die zum Panecillo führte. Wir überquerten mehrere Straßen, die in großen, parallelen Ringen um den Berg liefen. Sie waren still und fast menschenleer, denn es war Mittagszeit. Nur ein paar Jugendliche standen an einer Ecke herum, sie folgten uns mit den Blicken, und die Stille bekam etwas Bedrohliches, als könne etwas Unvorhergesehenes geschehen. Ich war froh, daß wir uns für den Besuch im Waisenhaus nicht besser angezogen hatten, und straffte meinen Gang, um nicht wie ein Opfer auszusehen.

Zunächst waren auf der Straße noch ein paar Autos. Dann wurde sie so steil, daß sie nur noch durch treppenartige Absätze begehbar war. Es wurde sehr heiß, und ich spürte die Last meines Körpers. Ich fürchtete, daß wir auf keinen richtigen Berg hinaufkommen würden, wenn wir schon Schwierigkeiten am Panecillo hätten.

Von Zeit zu Zeit blieben wir stehen und sahen uns um. Mit uns schien die Stadt aus dem Talkessel hinaufzusteigen. Wir sahen die weiße Fassade des Gebäudes mit den zwei Seitenflügeln, das Hochhaus und die Reihenhäuser des Waisenhauses und den Rasenplatz, den sie umschlossen. Die Schaukel auf dem Rasen sah von oben wie ein rotgestrichenes Fußballtor aus.

Der Engel auf dem Panecillo stand auf einer mächtigen Kugel, die auf einem turmartigen Sockel ruhte. Er hielt segnend die rechte Hand auf, der linke Arm war am Körper geborgen, der in ein langes, fließendes Gewand eingehüllt war. Zu seinen Füßen ringelte sich eine Schlange, dem Lindwurm ähnlich, den der heilige Georg erlegt hatte. Er blickte nach Norden in die Richtung, in der sich der größere Teil der Stadt ausdehnte.

Wir überblickten die ganze Stadt, die hier, nahe der runden Kuppe des erloschenen kleinen Vulkankegels mit den letzten, versprengt auseinanderliegenden Hütten zu beginnen schien. Hügelabwärts formierten sie sich zu deutlich erkennbaren Straßenzügen, die in die alten Stadtviertel führten, durch die wir gekommen waren. Sie lagen in einem Becken, umschlossen von nahen Berghängen, an denen wieder einzelne Behausungen hoch hinaufkletterten. Wo sie aufhörten, ging das Gras bald in den vegetationslosen Fels über. Links ragte die weiße Spitze eines Vulkans hervor. Einige Wolken lagen über der Gegend, ihre Schatten zogen wie dunkle Felder in der Stadt hin und her.

Ich holte den Stadtplan hervor, und wir versuchten, Plätze und Straßen in der Stadt zu bestimmen, die selbst wie ein mächtiger Plan vor uns lag. Wir erkannten die Calle Venezuela, die Calle Guayaquil und die Calle García Moreno, die am Fuß des Panecillo begannen, sich durch die weißen, mit roten Ziegeln gedeckten Häuser der Altstadt hindurchzogen und sich in der Ferne in geradeaus verlaufenden Bahnen verjüngten, im Norden, wo sich die neue Stadt ausbreitete. Dort befanden sich die dicht beieinander liegenden Hochhäuser.

Wir sahen die Plaza San Francisco und die Plaza Cumandá und entdeckten, daß wir bereits eine Geschichte in der Stadt hatten. Auf der Plaza Cumandá waren wir gestern auf eine Ansammlung von

Indios gestoßen. Sie waren mit staunendem, gläubigen Lächeln dagestanden und hatten einem Mann zugehört, der Amulette, die gegen Unglück schützen sollten, anpries. Schließlich hatte er die Amulette verkauft und dabei den Indios starr in die Augen gesehen. Auf der Plaza Grande hatte ein Priester aus dem Leben García Morenos erzählt und anschließend Schriften verteilt. Hinter der Plaza San Francisco, wo die Straßen so eng wurden, daß nur Lastträger die Waren transportieren konnten, hatten wir einen Straßenmarkt entdeckt.

In der Ferne war ein kleiner, hochgelegener Fußballplatz, auf dem ein paar Jungen kickten. Ich bekam Angst, der Ball könnte den Berg hinabrollen, und mußte immer wieder hinschauen, als könne ich ihn damit bannen.

Wir sahen zwei Deutsche, die auf dem Herflug im Flugzeug hinter uns gesessen hatten, den Berg heraufkommen. Der Weg, auf dem sie gingen, kam mir jetzt wie ein Trampelpfad vor.

Wir hörten in die Stille hier oben den Lärm aus der Stadt dringen. An einem Geländer hingen Decken und Ponchos, die ein paar Indios zum Verkauf anboten. Ein Bus mit der Aufschrift „Mitad del Mundo" setzte sich langsam in Bewegung. Wir sprangen noch auf, um zum Äquator zu fahren. Der Bus schaukelte den Berg auf einer holprigen Straße hinunter zur Plaza Santo Domingo, wo sich Busse aus anderen Straßen kommend in eine Reihe einfädelten, um hintereinander fahrend den Platz zu überqueren. Sie folgten so dicht aufeinander, als seien sie aneinander gekettet. Nun fuhr er durch die Calle Venezuela in die neue Stadt, an der Universität vorbei, durch einige Vororte und in jene Ferne hinaus, in die wir vom Berg geblickt hatten.

Wir kamen durch trockenes Gebiet. Die Berghänge waren noch schütter bewachsen und wiesen tiefe, durch Erosionskerben hervorgerufene Trichter auf.

Ich schaute aus dem Fenster hinaus und suchte vergeblich nach einem Zeichen, das die Stelle ankündigte, an der sich die Erde in zwei Hälften teilte.

Ich glaubte, mich einem archaischen Ort zu nähern, und nahm an, daß sich die mythische Bedeutung, die ich ihm zuschrieb, sinnfällig in der Gegend zeigen müßte.

Der Äquator war durch einen gelben Strich markiert, der über die Fahrbahn lief. Wir beobachteten ein junges Paar, das mit dem Auto gekommen war. An den Händen gefaßt, hoben sie wie verabredet das rechte Bein hoch und stellten es im selben Augenblick jenseits des Striches auf die Erde und lachten. Sie freuten sich darüber, daß sie mit einem Fuß auf der nördlichen und mit dem anderen auf der südlichen Erdhalbkugel standen, und wir machten es ihnen nach.

Wir wandten uns um und gingen um einen Bauzaun herum, an dem Indios lehnten, die Andenken feilboten. Hinter dem Zaun, auf einem Feld, auf dem ein Hotel errichtet werden sollte, befand sich eine Baracke mit einem Ausschank. Wir gingen hinein und setzten uns an einen Tisch. Ich bestellte eine Limonade, wir tranken in kleinen Schlucken und scheuchten die Fliegen weg.

„Ob die beim Roten Kreuz etwas wissen werden?" fragte Rafael.

„Ich hoffe sehr."

Danach besuchten wir ein unscheinbares und ungepflegtes Museum in der Nähe. Wir betrachteten einen präparierten Kondor, der bereits verstaubt war, und standen gedankenlos vor einem Betonbecken, in dem sich eine Riesenschildkröte von den Galapagos-Inseln befand, die sich langsam fortbewegte und dabei den Panzer an dem Betonbecken rieb. Daneben stand eine nachgebaute Hütte der Shuar, die im östlichen Urwald wohnten. Auf einem Tisch befanden sich ein paar Keramikgegenstände, und beinahe hätte ich danach gegriffen.

Eine Besucherin wollte Rafael, der vor der Tür stand, fotografieren.

„Er gehört nicht zur Hütte", sagte ich.

Auf der Rückfahrt, noch in einem der Vororte, hatte der Bus eine Panne. Wir stiegen aus, blieben unschlüssig stehen und schauten dem Fahrer beim Radwechsel zu. Als es uns zu lange dauerte, überquerten wir die Fahrbahn und gingen eine Straße abwärts, die in ein besseres Stadtviertel führte. Nach ein paar Schritten gelangten wir in einen Park. Einige Männer waren mit einem bouleähnlichen Spiel beschäftigt. Andere spielten zwischen den Bäumen Fußball, ohne sich um die Spaziergänger zu kümmern. Eine mit einer Batterie betriebene Eisenbahn, die von einem halbwüchsigen Jungen gelenkt wurde, fuhr ratternd die staubigen Wege entlang und kam schließlich wieder an ihren Startplatz, wo Väter und Mütter bereitstanden, um ihre Kinder in Empfang zu nehmen.

Ich sah zum Himmel hinauf und bemerkte, daß er bedeckt war. Er lag schwer über der Erde. Ich wurde plötzlich traurig. Wo das Elend groß ist, wird der Reichtum, ja selbst der Wohlstand zur Schande. Es wurde mir bewußt, daß ich mir immer vorgestellt hatte, daß es hier nur elende Kinder gab, und ich betrachtete die gesunden mit Erstaunen und Empörung.

6

Das Rote Kreuz befand sich in einem schmucklosen Gebäude auf der Grenze zwischen alter und neuer Stadt. Über dem Eingang war ein großer Blutstropfen aufgemalt, der zwei betenden Gestalten, die darunter knieten, in die Hände fiel. Er erinnerte mich an eine Träne, die aus einem blutenden Auge tropft.

Ich erzählte der Frau, die in der kleinen Eingangshalle am Tisch saß, unsere Geschichte. Sie hörte zunächst verwundert, dann aufmerksam zu. Es gäbe Aufzeichnungen über alle Kinder, die eingeliefert worden seien, sagte sie, aber die Frau, die den Schlüssel für das Archiv besitze, sei an diesem Tag nicht da. Ich fragte, ob es keine Möglichkeit gebe, den Schlüssel zu besorgen. Sie verneinte. Wir sollten übermorgen wieder kommen.

„Warum nicht morgen?"

„Morgen ist geschlossen."

An diesem Tag hatten wir die Stadt verlassen wollen, um endlich auf den Berg zu steigen und ich fragte Rafael, was wir tun sollten. Aber noch ehe er antwortete, merkte ich, daß ihm viel daran lag, hier zu bleiben. Daher schlug ich ihm vor, nach Otavalo zu fahren, und morgen zurückzukehren. Wir holten unsere Schlafsäcke aus der Pension und nahmen nur das notwendigste mit, und saßen bald darauf im Bus.

Als wir zwei Tage später zurückkamen, sagte die Frau vom Roten Kreuz, die den Schlüssel für das Archiv verwahrte: „Ich habe ihn, aber er ist zu Hause."

„Können Sie ihn nicht holen? Wir sind schon zum zweiten Mal hier."

„Das ist jetzt unmöglich."

Ich wurde ärgerlich und fragte: „Können wir den Chef sprechen?"

„Wir haben keinen Chef, wir haben eine Präsidentin."

„Dann wollen wir die Präsidentin sprechen."

„Sie hat keine Zeit. Sie empfängt gerade Blutspender."

„Wenn sie wüßte, wie wichtig die Sache ist, würde sie uns empfangen, und sie würde nicht verstehen, daß Sie uns nicht zu ihr lassen wollten."

Die Frau zögerte.

„Wir können warten."

„Meinetwegen", sagte sie und führte uns in den Warteraum. Die Tür zum Zimmer der Präsidentin stand offen. Einige junge Leute, offenbar die Blutspender, gingen laut und ungeniert ein und aus. Die Präsidentin, eine ältere, gepflegte Dame, drückte jedem die Hand und reichte ihnen Ausweise.

Als der letzte Blutspender gegangen war, klopfte ich an die Tür, und wir traten ein. Ich trug wieder Rafaels Geschichte vor und beobachtete dabei, wie sich auf ihrem Gesicht Mißtrauen, Interesse und schließlich Freundlichkeit einander ablösten.

„Woher wollen Sie wissen, daß das Kind hier bei uns war?" fragte sie.

„Im Waisenhaus wird ein Eingangsbuch geführt. Dort steht, daß er vom Roten Kreuz gebracht wurde."

„Und wie ist sein Name?"

„Rafael García. Aber ich glaube nicht, daß Sie ihn unter diesem Namen finden werden. Ich nehme an, daß man ihm den Namen erst im Waisenhaus gegeben hat, genauso wie sein Geburtsdatum."

„Wann ist er geboren?"

„Am 20. März 1974."

„Und wann wurde er in das Waisenhaus eingeliefert?"

„Am 23. April 1977."

Die Präsidentin notierte sich die Daten. „Ich werde Ihnen die Akten raussuchen lassen. Kommen Sie morgen wieder."

„Das hat man uns schon einmal gesagt. Werden wir nicht umsonst kommen?"

„Ich verspreche es Ihnen."

„Ich glaube, wir werden nie aus dieser verdammten Stadt herauskommen", sagte ich, als wir wieder auf der Straße standen. Wir gingen in ein Restaurant, um zu überlegen, was wir tun sollten. Ich holte die Papiere hervor, die ich für den Gang zum Roten Kreuz mitgenommen hatte.

„Was ist das?" fragte Rafael.

„Es ist deine Geburtsurkunde."

„Und das?"

„Eine Notiz vom Krankenhaus. Ich habe beides aus Deutschland mitgebracht. Fällt dir etwas auf?"

Er studierte lange die Urkunden und sagte: „Nein."

„Die Geburtsurkunde ist vier Tage vor deiner Einlieferung in das Krankenhaus ausgestellt worden."

„Aber warum nicht früher? Ich war doch damals schon lange im Waisenhaus."

„Vorher brauchtest du ja keine, erst als du in das Krankenhaus gebracht wurdest. Jemand, der keinen Namen und kein Geburtsdatum hat, kann auch nicht behandelt werden."

„Aber wie sind sie auf meinen Namen gekommen?"

„Ich weiß nicht. Es ist ein Allerweltsname."

„Und das Geburtsdatum?"

„Irgendein Tag."

„Und was steht hier?"

„In der Notiz vom Krankenhaus?" Ich versuchte zu übersetzen, doch verstand ich nicht alle medizinischen Ausdrücke.

„Sie schreiben, daß du sofort operiert werden müßtest. Trotzdem hat es ein halbes Jahr gedauert, bis du nach Deutschland gekommen bist."

„Aber die Schwester hat doch versichert, daß sie nichts gewußt hat."

„Sie hat gelogen."

„Und warum?"

„Es war eine fromme Lüge. Eine Notlüge. Wahrscheinlich hat sie gedacht, wir würden dich nicht nehmen, wenn wir erfahren würden, wie krank du bist."

„Hättet ihr mich denn genommen?"

„Ich weiß nicht. Wahrscheinlich. Damals kannten wir dich ja schon. Wir hatten ein Bild von dir. Aber wenn wir gefragt worden wären, ob wir irgendein schwerbehindertes Kind nehmen würden, so hätten wir wohl verneint."

„In welchem Krankenhaus war ich?"

„Im Eugenio Espejo. Wollen wir hingehen?"

Er nickte.

Das Hospital Eugenio Espejo wirkte wie ein Tempel der Gesundheit. Es war ein mächtiger Kuppelbau mit ausladenden Seitenfronten und verschiedenen modernen Nebengebäuden. An der weißen Fassade war ein Baum als Sinnbild des Lebens aufgemalt.

Der Portier am Haupteingang hielt uns an. „Wohin wollen Sie?" fragte er.

„Wir wollen Rafael García besuchen."

„Auf welcher Station liegt er?"

„Er ist an den Ohren operiert worden", erwiderte ich.

Der Portier ließ uns herein. Rafael betrachtete das mächtige Treppenhaus und die davon ausgehenden Dielen und Flure. Er machte einige Fotos.

„Erinnerst du dich?"

Er schüttelte den Kopf. Wir fragten einen vorbeieilenden Arzt nach der Kinderstation.

„Sie ist im zweiten Stock."

„Und wo war sie früher?"

Er versuchte, sich zu erinnern. Dann führte er uns an ein Fenster und zeigte auf eine Baugrube. „Dort ist es gewesen."

Wir gingen hinüber. Gerade waren einige Arbeiter dabei, den Boden zu betonieren. Ich sah in die Luft, eine weiße Wolke zog vorüber. Ich schüttelte den Kopf, weil Rafael dort oben, wo sonst nichts war, gelegen hatte, und einen Augenblick lang sah ich ihn im Krankenbett in der Luft schweben.

Rafael machte wieder einige Aufnahmen, und dann sah ich ihm zu, wie er den Film wechselte. Aber dessen bewußt wurde ich mir erst, als ich bemerkte, daß er etwas falsch machte. Es war mir unbegreiflich, denn er hatte es schon oft und richtig getan, aber diesmal öffnete er den Apparat, noch ehe er den Film zurückgespult hatte.

„Verdammt noch mal", schrie ich, „in diesem Kasten waren die Bilder drin. Der Kasten muß verschlossen bleiben. Jetzt hast du sie alle vernichtet. Die Bilder vom Waisenhaus, vom Panecillo, von der Insel und vom Krankenhaus. Meinst du, wir wären meinetwegen hingegangen? Ebensogut hättest du das Nichts fotografieren können. Warum tust du das? Willst du mich zum Narren halten? Diese Wege machen wir doch alle für dich, um etwas Licht in das Dunkel zu bringen. Du hast alle Bilder vernichtet."

„Ich wollte es doch nicht."

„Du wolltest es nicht. Warum paßt du nicht auf? Warum tust du nicht, was ich dir sage?"

„Ich weiß es nicht, ich weiß es doch wirklich nicht."

„Du weißt nicht, warum du es tust?"

„Ich wollte es doch nicht."

„Vielleicht weißt du es wirklich nicht. Weißt du, was du siehst, wenn wir die Bilder entwickeln lassen? Nichts. Wenn Licht in das Dunkel hineindringt, werden die Bilder vernichtet."

Rafael sah mich fassungslos an, wegen meines Wutausbruchs oder weil es ihm passiert war. „Ich weiß es nicht", sagte er wieder.

Die Frage begann mich zu quälen, warum er die Bilder vernichtet hatte. Ich dachte: In dem Apparat sind die Bilder aufbewahrt wie in seinem Kopf die Erinnerungen. Vielleicht wollte er sie wieder auslöschen. Ich bekam ein schlechtes Gewissen und überlegte, ob ich mich entschuldigen sollte. Schließlich sagte ich: „Paß nächstes Mal besser auf."

7

Wir fuhren zur Calle Amazonas und setzten uns in ein Straßencafé und betrachteten die Passanten. Ich bekam Lust, unsere Geschichte jemandem zu erzählen, und horchte, was an den anderen Tischen gesprochen wurde. Wir bestellten Kaffee und Limonade. Ich nippte nur wenig und stellte die Tasse immer wieder ab. Immer mehr wurde ich zu einem Zuschauer.

Ich griff mit der Hand durch die Luft. Es erstaunte mich, daß jetzt der Gartentisch hier war anstatt des Tisches zu Hause, an dem wir sonst saßen, und ich sah meine Familie vor mir, meine Frau und die anderen Kinder.

Zwei Indiofrauen mit drei Kindern kamen die Straße entlang. Sie trugen steife Röcke, kurze Strickjacken und hatten Hüte auf, unter denen die geflochtenen Zöpfe hervorhingen. Die eine Frau war barfuß, und die andere hatte zwei verschiedene Sandalen an. Ihre Füße waren schmutzig. Sie blieben stehen und sprachen miteinander, während sich die Kinder auf den Rand eines kleinen Brunnens setzten. Ganz ruhig standen sie da, und in ihrer Selbstvergessenheit hätten sie an dem Brunnen eines Dorfes stehen können. Zwischen Daumen und Zeigefinger hielten sie einige Lotterielose wie aufgefächerte Spielkarten, an die sie jetzt nicht mehr dachten.

Als es kühler wurde, gingen wir in das Hotel *Colon*. Vor der Tür stand ein Bettler.

„Gib ihm etwas Geld", sagte ich zu Rafael und ging schnell auf die Tür des Hotels zu. Der Türsteher hatte uns beobachtet. Er öffnete nicht zu früh, denn sonst hätte man glauben können, er würde die Tür nicht für mich, sondern für alle und jederzeit offenhalten, aber auch nicht zu spät, denn sonst hätte er sie mir vielleicht an den Kopf geschlagen. Er machte, als ich an ihm vorbeiging, eine Verbeugung, und ich nickte mit dem Kopf.

Rafael war hinter mir hergekommen. „Hast du ihm das Geld gegeben?" fragte ich.

„Er hat mir erst die Hände geküßt und dann den Geldschein", sagte er entsetzt.

Ich drehte mich um. Hinter der Tür, die jetzt verschlossen war, stand der Bettler. Er hielt den Geldschein verzückt mit beiden Händen gegen den Himmel, als ob er prüfen wollte, ob er ihn tatsächlich in den Händen halten oder nur träumen würde.

Wir gingen durch die mit Teppichen ausgelegten Wandelhallen des Hotels. Rafael blieb wieder ein paar Schritte hinter mir, den Kopf auf den Boden gesenkt. Ich dachte: Ich gehe vorn weg, er läuft hinter mir her. Ich bin in der Zukunft, oben auf dem Berg. Er ist in der Vergangenheit, bei seinen Eltern. Er kommt kaum mit. Er bleibt zurück, und ich laufe vor ihm weg. Ich fürchtete, man könnte glauben, ich hätte ihn geschlagen, und rief ihn zu mir.

Eine Menge Leute zog treppabwärts an uns vorüber. Ich sah in ihre Gesichter und es war, als ob ich in fließendes Wasser sehen würde. Alle trugen ihr Paßbild auf der Brust, was mich sehr irritierte. Wir blickten durch eine geöffnete Saaltür. Im Saal war gerade irgendeine Veranstaltung beendet worden.

Wir blieben vor den Auslagen einiger Geschäfte, die zum Hotelkomplex gehörten, stehen und betrachteten Schmuck und Stoffe, als würden wir sie kaufen wollen. Schließlich traten wir in eine Buchhandlung ein. Ich blätterte in einigen Büchern und ging dann zu

Rafael hinüber, der einen Fotoband aufgeschlagen hatte und das Bild eines jungen Indio, eines Shuar, betrachtete.

Er hatte schwarzglänzendes Haar, das über der Stirn bis an die Augenbrauen reichte und an den Seiten bis in die Höhe der Mundwinkel. Sein Gesicht war breit, er hatte eine kräftige, leicht nach unten gebogene Nase, die Augenbrauen waren stark und die Augen schmal und leicht gebogen wie die Sichel des Mondes. Sie waren so dunkel, daß man die Pupillen kaum sehen konnte. Sie schienen ebenso nach innen wie nach außen zu blicken. Von dem Gesicht ging eine sanfte Wildheit aus, und obwohl die einzelnen Teile nicht schön waren, so war doch das ganze Gesicht schön.

Rafael starrte auf das Bild. Ich glaube, daß ihm in diesem Augenblick etwas geschah, was uns manchmal beim Anblick unseres Spiegelbildes geschieht. Wir starren es so gebannt an, daß wir uns schließlich mit seinen Augen selbst ansehen, das heißt, wir starren in die Leere, in der wir stehen oder eigentlich standen, denn wir sind ja ganz auf die andere Seite hinübergewechselt, und wo wir waren, ist nichts mehr.

„Lächle einmal", sagte ich.

Er lächelte, und in seinen Augen sah ich das Funkeln des Mutwillens wie das Flimmern eines sehr fernen Sterns oder das Leuchten eines fernen Lagerfeuers, doch erlosch es sofort. Zwischen seinen Mundwinkeln bildeten sich zwei steile Falten, die bis zu den Nasenflügeln reichten, und um die Augen ein paar Lachfältchen wie die Strahlen winziger Sonnen.

„Möchtest du das Buch haben?"

„Ja."

Wir gingen schließlich in ein Restaurant, das zum Hotel gehörte und von gutgekleideten, wohlhabenden Einheimischen und Touristen besucht war.

Neben uns saßen drei Männer mit ihren Frauen. Sie wirkten wie Rechtsanwälte oder Ärzte. Der ältere Mann trug ein Freizeithemd, die jüngeren Anzüge, von denen sie die Jacketts abgelegt hatten.

Zwei Frauen hatten tief dekolletierte sommerliche Kleider an, eine trug enge weiße Jeans. Sie begannen unter lautem Palaver die Speisekarte zu studieren und zu beratschlagen.

Eine der Frauen mit stark blondiertem Haar ließ ein glockenhelles Lachen ertönen, das affektiert und eingeübt klang. Als sie ihre Bestellung aufgaben, hatte der Kellner Mühe mit dem Notieren, und die blonde Frau kniff die Augen zusammen und biß sich auf die Unterlippe. Einer der Männer erzählte von den Fortschritten am Bau seines Wochenendhauses. Bald werde er sie alle einmal einladen, sagte er, im Augenblick gebe es noch einige Probleme zu bewältigen mit der Innenausstattung.

Lange betrachtete ich sie. Von allen, denen ich begegnet war, schien mir Rafaels Schicksal das seltsamste und sein Lebenslauf der merkwürdigste zu sein. Er war aus der Erbärmlichkeit und dem Elend der Niederungen hinaufgestiegen in die schwindelerregende Höhe des Hotels *Colon*. Dort saß er jetzt neben mir, die Füße hatte er auf einen sanften Teppich gesetzt, er sah den Kaskaden eines Springbrunnens zu und lauschte, soweit er es konnte, der gedämpften Musik, die an sein Ohr drang. Ich sah ihn an, überrascht, als sei er gerade eben neben mir aufgetaucht. Ein Kellner kam und fragte, was wir wünschten. Er beugte sich über Rafael, als sei gerade dessen Wohlbefinden das Allerwichtigste, was es für ihn auf der Welt gab.

8

Die Präsidentin stand vom Schreibtisch auf und zog uns zu einem an der Wand stehenden Sofa. Sie hielt zwei Blätter in der Hand und gab mir eines. „Hier steht alles drin", sagte sie und setzte sich neben uns. „Es steht da, wann und wo er aufgefunden worden ist, sogar der Name des Polizisten, der ihn gefunden hat. Es steht auch da, was er anhatte und was er gesagt hat. Und hier steht, daß er sich Rafael García genannt hat."

„Wie meinen Sie?" fragte ich.

„Er hat seinen Namen selbst genannt: Rafael García."

„Bitte, sagen Sie das noch einmal."

„Er hat sich selbst Rafael García genannt."

„Es wäre also sein Familienname?"

„Ja. Man hat ihm den Namen nicht erst nachträglich im Waisenhaus gegeben, wie Sie angenommen haben."

Das ist vielleicht der Schlüssel, dachte ich. Ich hatte angenommen, er sei für immer verlorengegangen, dabei lag er ganz offen da. Wir hatten ihn einfach übersehen. Aber ich wußte nicht, ob es richtig war, ihn eines Tages zu benutzen. Mehr um mich abzulenken und mich von der Überraschung zu erholen, fragte ich: „Und steht etwas über seine Krankheit darin?"

„Über welche Krankheit?"

Ich erklärte ihr, daß Rafael, wahrscheinlich als Folge einer Mittelohrentzündung, hörgeschädigt war und nur mit Hilfe eines Gerätes über den Knochen hören konnte.

Sie sah ihn mitleidig an. „Nein, als er aufgefunden wurde, war er nicht krank."

„Woher wollen Sie das wissen?"

„Er ist eine Woche hier geblieben. Man hätte es entdeckt. Außerdem konnte er sprechen."

„Warum war er so lange hier?"

„Das ist immer so. Die Kinder bleiben so lange, damit wir feststellen können, ob sie ausgesetzt worden oder verlorengegangen sind. Wenn sie bloß verlorengingen, melden sich die Angehörigen."

„Es ist niemand gekommen?" fragte ich, als ob es vielleicht der Fall gewesen war.

„Nein, niemand."

„Und es ist auch nichts von einer Krankheit festgestellt worden?"

„Nein."

„Dann ist er im Waisenhaus krank geworden. Die Schwestern haben zuviel gebetet."

Ich zog den Arztbericht hervor und zeigte ihn der Präsidentin.

„Hier, sehen Sie, es hat länger als ein Jahr gedauert, bis man ihn ins Krankenhaus gebracht hat. Genau ein Jahr und drei Monate. Da waren seine Ohren aber bereits kaputt."

„Es ist eine Schande. Aber vielleicht kann ich Ihnen helfen. Es gibt ein zentrales Geburtenregister. Ich werde einen Anwalt, den ich gut kenne, bitten, dort nachzuforschen."

Sie nahm das Telefon und sprach mit ihrem Bekannten. Dabei nannte sie mehrmals den Namen Rafael García.

„Es geht in Ordnung", sagte sie, nachdem sie aufgelegt hatte, „der Anwalt wird Sie empfangen. Sie können übermorgen zu ihm gehen. Ich schreibe Ihnen seinen Namen auf."

9

Die ganze Zeit über hatte Rafael wie ein Unbeteiligter neben mir gesessen. Als wir auf der Straße standen, sah er mich erwartungsvoll an. Wir gingen in das nächste Restaurant und ich begann ihm vorzulesen:

„In die Abteilung für ausgesetzte Kinder des Roten Kreuzes wurde durch den Polizisten Julio Astudille ein Kind von ungefähr drei Jahren gebracht, das in der Calle Maldonado aufgefunden wurde."

„Wann war das?"

Ich schaute auf den Zettel. „Am Samstag, den 16. April 1977 um vier Uhr. Das ist jetzt bald zehn Jahre her." Ich fuhr fort: „Auf Grund des Alters des Kleinen war es unmöglich, genauere Auskünfte über seine Familie zu erhalten. Er konnte nur angeben, daß seine Mutter das Haus verlassen hatte, um auf dem Markt einzukaufen, und als sie nicht bald zurückkam, ist er hinausgelaufen, um sie zu suchen."

„Es ist ein Rätsel", sagte ich, „was kann damit anderes gemeint sein als das Haus, in dem du gewohnt hast. Es müßte also in der Nähe der Maldonado sein, denn es ist nicht anzunehmen, daß du sehr weit gelaufen bist."

„Dann hat sie mich vielleicht gar nicht ausgesetzt, sondern verloren."

„Ich verstehe es nicht. Wenn es so gewesen wäre, so hätte sie dich doch suchen können. Die aufgefundenen Kinder bleiben sieben Tage beim Roten Kreuz, damit die Eltern sie finden können. Deine Mutter hätte bestimmt den Weg gefunden.“

„Woher weißt du das?“

„Das hat mir die Präsidentin erzählt. Außerdem geht aus den Angaben hervor, daß du eine Woche dort geblieben bist. Du bist am 23. in das Waisenhaus gekommen.“

Rafael sah mich ratlos an.

„Vielleicht stimmen auch deine Aussagen nicht. Du bist erst drei Jahre alt gewesen. Hier steht auch, was du anhattest und wie du aussahst: Braune Haut, schwarze Haare, indianische Herkunft. Du hattest braune Lederschuhe, eine rosa Leinenhose und ein himmelblaues Sakko an. Es scheinen bessere Sachen gewesen zu sein als die, die du trugst, als du bei uns ankamst.“

„Vielleicht bin ich doch verlorengegangen.“

„Vielleicht. Oder sie hat dich in der Hoffnung verlassen, daß es dir dann besser gehen wird.“

Rafael schüttelte den Kopf.

„Du meinst wegen meiner Ohren?“

„Nein“, sagte ich, „deine Ohren waren gesund. Wenigstens sagt das die Frau auf dem Roten Kreuz. Als du dort eingeliefert wurdest, konntest du sprechen, du bist eine Woche dort geblieben, und niemand hat einen Schaden festgestellt. Es ist erst im Waisenhaus geschehen. Sie haben nicht auf dich aufgepaßt.“

Wir schwiegen, und nach einer Weile fragte ich: „Was hältst du davon, wenn wir zu dieser Straße fahren?“

„Du meinst zur Maldonado?“

„Ja.“

Wir traten wieder hinaus. Das Licht blendete mich und mir fiel auf einmal die Starrheit der Gebäude ringsum auf. Sie schienen außerhalb der Zeit zu stehen in einer Art von Ewigkeit, die uns überdauern würde. Gegenüber, durch zwei Fahrbahnen von uns getrennt, lag das mehrstöckige Gebäude der Zentralbank. Auf den wenigen Stufen, die hinaufführten, saßen Bettler und ambulante Händler. Aus der Ferne sah es aus, als seien sie dort eingeschlafen.

Durch die Straßen zog ein nicht endender Verkehr. Aber sie schienen nicht weiter zu reichen als meine Blicke, und die Fahrzeuge schienen aus einem namenlosen Nichts heraufzukommen und dort wieder zu verschwinden. Irgendwo, vor uns verborgen, mußte eine Ampel sein, denn von Zeit zu Zeit ließ der Verkehr nach und hörte sogar gänzlich auf. Dann hasteten die Fußgänger von einer Straßenseite zur anderen, um vor der gleich heranbrausenden Autokolonne hinüberzukommen.

„Zur Maldonado", sagte ich dem Taxifahrer.

„Welche Nummer?"

„Ist sie lang, die Maldonado?"

„Sehr lang, vielleicht vier Kilometer."

„Es ist egal. Setzen Sie uns irgendwo ab."

Das Auto fuhr in Richtung Altstadt, aber ich achtete nicht weiter darauf. Ich hatte die Augen geschlossen und hielt Rafaels Hand.

„Soll ich hier halten", fragte der Taxifahrer nach einer Weile.

„Fahren Sie noch ein Stück."

Plötzlich entdeckte ich den Laden, in dem Rafael seine Mütze bekommen hatte.

„Ich wollte zur Maldonado."

„Es ist die Maldonado."

„Sind Sie sicher?"

„Natürlich."

„Wohin führt die Straße?"

„Nach Süden."

„Und weiter?"

„Ins Land hinaus. Nach Riobamba."

„Es ist ein Teil der Panamericana?"

„Ja, die Panamericana Sur."

Die Traumstraße der Welt, dachte ich, die Avendia de los Volcanes.

Ich sagte: „Halten Sie hier."

Wir stiegen aus und bezahlten. Der Taxifahrer sah uns kopfschüttelnd nach.

„Wir wollten doch zu dieser Straße, zur Maldonado", meinte Rafael.

„Es ist die Maldonado." Ich lachte.

„Warum lachst du?"

„Ist es nicht zum Lachen, wie wir genarrt werden?"

Ein Bild zog mir durch den Kopf, von weit hergeweht. Ich stand in der Stadt Meersburg am Bodensee vor einem der Stadttore und las auf einem Schild, daß Goethe durch das Tor gefahren sei. Auch das genaue Datum stand darauf. Ein leiser Schwindel erfaßte mich und ich dachte: Wenn ich an jenem Tag an dem Tor gewesen wäre, so hätte ich Goethe hindurchfahren sehen, und wenn ich an jenem Samstag vor bald zehn Jahren auf dieser Straße gewesen wäre, so hätte ich mein Kind gesehen, vielleicht auch seine Mutter.

Von nun an würde ich das Ereignis der Aussetzung mit dieser Straße verbinden. Ich machte es dort fest wie ein Tier an einem Pfahl, den man zuvor in die Erde gerammt hat, damit es nicht weglaufen kann.

Ich stand da und sagte mir: Hier ist es also gewesen, ein Ereignis an einem bestimmten Ort zu einer bestimmten Zeit. Ich sprach mir den Satz mehrmals vor, ohne seinen Sinn zu begreifen, wie ein kleines Kind oder ein Betrunkener, der etwas lallt. Dabei war es eine Feststellung, so klar, daß es dabei nichts zu verstehen gab.

Ich sah Rafael an und blickte wieder die Straße hinunter. Das Kind, das er gewesen war, war da gewesen, genauso wie die Straße dagewesen war. Sie hatte vor seinen Füßen gelegen, die Häuser waren zum Greifen nah gewesen. Ich suchte, als müßte davon noch etwas da sein. Es war aber nichts festzustellen und nichts geblieben. Es war wie ein ausgeraubtes Grab. Es gab keine Spuren. So wenig wie vom Gang der Sonne über den Himmel.

„Ich würde gern wissen, wo es genau gewesen ist", sagte Rafael.

„Ich weiß es nicht", sagte ich, und das war ein sinnloser Satz, denn wie hätte ich es wissen können.

„Meinst du, wir würden den Polizisten finden, der mich entdeckt hat?"

„Das kann schon sein."

„Vielleicht hat er so viele Kinder gefunden, daß er sich nicht mehr erinnert."

„Das glaube ich nicht. Aber er wird wohl vergessen haben, wo es gewesen ist. Es ist schließlich lange her."

„Meinst du, er lebt noch?"

„Warum sollte er nicht mehr leben? Wahrscheinlich lebt er noch."

„Ich nehme an, daß es hier in der Nähe gewesen ist", sagte Rafael.

„Woher weißt du das?"

„Ich weiß es nicht. Es ist nur ein Gefühl."

Wir gingen die Straße hinunter. Dort hinten verschwand sie hinter einer Kurve. Was dort war, war die Zukunft. Auch sie war immer um die Ecke. Wir gingen weiter, und je weiter wir gingen, desto mehr zog sie sich vor uns zurück. Aber sie zog uns auch von uns weg wie eine lockende Ferne.

Wir kamen an ein paar ehemals schönen Gebäuden vorbei. Nun waren sie heruntergekommen und unbewohnt. Vor nicht sehr langer Zeit mußte hier die Stadtgrenze gewesen sein. Vielleicht befanden wir uns auch schon jenseits der früheren Stadt auf einem ehemals freien Feld. Hinter dem Panecillo floß ein Bach hervor. Auf der Wiese waren Wäschestücke zum Trocknen ausgelegt.

An einem der Häuser blieb Rafael stehen. „Hier könnte es gewesen sein."

„Du hast noch einige Erinnerungen. Sie sind wie Fetzen der Wirklichkeit. Sie sind wie die Schnitzel von einem Blatt Papier. Du willst sie jetzt zusammenfügen, aber vielleicht sind es auch ganz verschiedene Blätter gewesen. Du wirfst die Erinnerungen von ganz verschiedenen Begebenheiten zusammen."

„Ja", sagte Rafael, „so kann es in der Tat sein."

Wir waren schon fast um den Berg herumgegangen, der goldene Engel drehte uns jetzt den Rücken zu. Die Straße stieg wieder an. Dahinter lagen neue Vorstädte.

„Vielleicht lebt sie in einem dieser Häuser. Wir gehen gerade daran vorüber, und sie weiß nicht, daß wir vorübergehen", sagte Rafael.

„So kommen wir nicht weiter, Rafael García."

„Ich weiß, daß ich so heiße", sagte er ärgerlich.

„Du heißt nicht bloß so, du bist es wirklich. Du bist Rafael García."

„Wie meinst du das?"

„Du hast dich selbst auf dem Roten Kreuz so genannt, als man dich nach deinem Namen fragte. Es ist dein wirklicher Name. Ich habe immer angenommen, sie hätten ihn dir im Waisenhaus gegeben. Es ist merkwürdig, daß wir nie darauf gekommen sind, es könnte dein wirklicher Name sein. Wahrscheinlich haben wir angenommen, man hätte sonst deine Eltern gesucht, wenn der Name bekannt war."

„Und warum hat man es nicht getan?"

„Ich weiß es nicht. Vielleicht hat niemand daran gedacht. Vielleicht hat man auch gedacht, daß es keinen Sinn hat, der Mutter das Kind zu bringen, wenn sie nicht kommt, um es zu holen. Du würdest gern in der Stadt bleiben?"

Er nickte.

„Ich habe mich die ganze Zeit über gesperrt, weil es mir unmöglich schien, deine Mutter zu finden. Ich hatte Angst, daß du dich in eine aussichtslose Sache verrennst. Aber jetzt ist es vielleicht möglich geworden. Es gibt ein zentrales Geburtenregister. Die Präsidentin vom Roten Kreuz hat es mir gesagt. Sie hat mir auch die Adresse eines Anwalts gegeben, der nachforschen will, ob du eingetragen bist. Wir werden ihn in den nächsten Tagen aufsuchen."

„Aber vorher können wir den Polizisten suchen", sagte Rafael.

„Wir kennen nur seinen Namen. Wie findet man einen Polizisten, von dem man nur den Namen kennt?"

„Nun, bei der Polizei. Ich würde zur Polizei gehen."

„Am besten ist es, wir gehen gleich zum Polizeipräsidium."

10

Das Polizeipräsidium befand sich in einem neuen Gebäude im modernen Teil der Stadt. Am Tor hatte sich eine lange Schlange gebildet und wir wollten uns anstellen. Doch kam gleich ein Angestellter, der uns an den Wartenden, vornehmlich Frauen, die einfach gekleidet waren, vorbei in das Haus führte. Offensichtlich hatte er gesehen, daß ich Ausländer war. Noch verwunderlicher aber mußte es für ihn sein, daß ich in Begleitung eines jungen Einheimischen kam.

Wir zeigten unsere Ausweispapiere und erklärten, daß wir den Polizisten Astudille suchten. Er führte uns über eine breite Treppe in den zweiten Stock. Er klopfte an eine Tür, die zu einem Raum führte, der durch eine Milchglasscheibe abgetrennt war. Ein Mann erschien, mit dem er ein paar Worte wechselte. Der Angestellte ging, der Mann zog sich zurück und ging in seinem Zimmer hin und her, denn wir sahen seinen Schatten über die Milchglasscheibe wandern.

Wir warteten lange und ich wurde ungeduldig. Endlich kam der Mann heraus.

„Was wollen Sie?" fragte er.

„Ich suche den Polizisten Astudille."

„Warum?"

„Ich hätte gern eine Auskunft von ihm."

„Was für eine Auskunft?"

„Ich suche die Mutter meines Kindes."

Er sah mich an.

„Meines Adoptivkindes. Er hat ihn gefunden."

„Woher wollen Sie das wissen?"

Ich reichte ihm das Blatt vom Roten Kreuz. „Lesen Sie, da steht sein Name."

Er las langsam. „Ich kann mich nicht erinnern", sagte er „ich habe keine Idee."

„Sie sind der Polizist Astudille?"

Er nickte.

Ich betrachtete den Mann, der der Polizist Astudille war, mit anderen Augen. Er war dem Ereignis am nächsten gewesen. Ich sah in ihm eine Art von Geburtshelfer oder Hebamme. Er war von jenem Augenblick, da der ungefähr dreijährige Rafael zur Welt gekommen war und der die dunkle Vorgeschichte von der hellen Geschichte trennte, nur wenige Minuten entfernt gewesen. Vielleicht war er nur ein paar Minuten zu spät gekommen. Vielleicht war er der erste Mensch, der ihn gesehen hatte. Ich gab ihm mit einer ganz spontanen Freude die Hand wie einem alten Bekannten.

„Es ist der Polizist, der dich gefunden hat", sagte ich zu Rafael.

Auch Rafael gab ihm die Hand.

„Sie kennen ihn", sagte ich.

„Nicht daß ich wüßte."

„Aber Sie haben ihn schon einmal gesehen. Es war auf der Maldonado vor zehn Jahren."

„Ist das das Kind?"

„Ja."

„Ich erinnere mich nicht. Sie können mich totschlagen."

„Aber Sie müssen sich erinnern. Schließlich findet man nicht alle Tage ein Kind."

„Wenn es gestern gewesen wäre. Oder vor zwei, drei Jahren. Aber wer weiß schon, was vor zehn Jahren gewesen ist." Ein anderer Polizist war hinzugetreten. Er war groß und kräftig, und trug eine andere Uniform und eine Pistole. Er kam mir vor wie das Mitglied einer Spezialeinheit. Astudille erzählte ihm unsere Geschichte. Er sah uns erstaunt an, bewundernd und auch etwas herablassend. Dann ging er.

„Sie wissen nicht, wo Sie ihn gefunden haben?"

„Ich weiß überhaupt nichts. Was wollen Sie eigentlich von mir?"

„Ich möchte gern wissen, wo Sie das Kind gefunden haben."

„Und warum wollen Sie es wissen?"

„Lesen Sie doch", sagte ich. „Er ist weggelaufen. Er muß damals ungefähr drei Jahre alt gewesen sein. Ein dreijähriges Kind kann nicht weit laufen. Wenn Sie mir die Stelle zeigen, wo Sie ihn gefunden haben, kann man vielleicht auch das Haus finden, wo er gelebt hat."

Er wirkte erleichtert. „Ich weiß wirklich nichts."

„Ich lasse Ihnen unsere Adresse hier", sagte ich. „Vielleicht fällt Ihnen noch etwas ein."

11

Wir suchten den Anwalt auf, mit dem die Präsidentin gesprochen hatte. Er schob uns einen zweiten und dritten Stuhl zu. Dann zog er aus der Brusttasche seines Jacketts einen gefalteten Zettel und breitete ihn vor mir aus. Er sah mich an und schwieg dabei, aber seine Gesichtszüge schienen zu sagen: Nun, habe ich das nicht gut gemacht oder: Das hätten Sie nicht von mir erwartet.

Er beugte sich wieder über das Blatt und sagte: „Es sind die Garcias, die in den fraglichen Jahren in Quito geboren wurden. Dann begann er vorzulesen."

Vielleicht liest er jetzt seinen Namen, dachte ich. Es ist wie beim Lotteriespiel, wie ein Topf voller Lose. Wenn man wenigstens wüßte, ob ein Gewinn darunter ist.

Der Anwalt nahm ein Blatt Papier vom Schreibblock und einen spitzen Bleistift. Dann schrieb er hinter die Namen „wahrscheinlich" und „unwahrscheinlich". Der Bleistift verschwand fast in seiner zu einer Faust zusammengeballten Hand, aber er schrieb schnell und geschickt.

„Jetzt wissen wir die Namen der Kinder und ihrer Eltern und die Geburtstage. Aber es steht keine Adresse dabei, und wir wissen nicht, wie wir sie finden können."

„Wenn wir nicht hingehen können, müssen wir sie herholen."

„Aber wie", fragte ich.

Der Anwalt betrachtete Rafael. Er sagte: „Die Präsidentin hat mir von ihm erzählt. Er trägt ein Hörgerät. Er kommt aus den Selvas. Ich möchte eine Suchanzeige aufsetzen." Er rückte den Stuhl näher an den Schreibtisch und nahm ein neues Blatt Papier. Offenbar hatte er den Text vorbereitet und bereits im Kopf.

„Das reicht", sagte er nach einiger Zeit und gab mir das Blatt.

Ich las: „Unser Kind sucht seine Eltern. Unser Adoptivkind wurde vor mehr als elf Jahren in einer Straße von Quito aufgefunden. Er war damals ungefähr drei Jahre. Ort und Zeit sind genau bekannt, ebenso die Kleidung, die er trug.

Trotz des italienisch-spanischen Namens, den er nannte, ist er mit Gewißheit ein Eingeborener aus den Selvas.

Er erkrankte an den Ohren und mußte dreimal operiert werden, einmal in Ecuador und zweimal in Deutschland, wo er aufgenommen wurde. Aufgrund seiner Erkrankung ist er hörgeschädigt, kann aber mit Hilfe eines Hörgerätes ausreichend hören.

Er ist intelligent und liebenswert. Er liebt seine Eltern und Geschwister und wird von ihnen geliebt. Jetzt möchte er seine ersten Eltern kennenlernen, ohne die er nicht leben würde. Wir möchten ihm dabei helfen.

Falls seine Mutter oder seine Eltern hiervon erfahren, bitten wir sie, sich voll Vertrauen und ohne jede Scheu an uns zu wenden". (Hier folgte der Name des Rechtsanwaltes und die Büroadresse.)

„Gut", sagte ich, nachdem ich das Schreiben überflogen hatte, „aber warum fehlt der Name?"

Der Anwalt guckte versonnen zum Fenster hinaus. „Wenn wir den Namen drucken ließen, hätten wir morgen alle Garcias der Stadt und des Landes am Hals. Ja, noch mehr, nicht bloß die wirklichen Garcias, sondern auch solche, die sich bloß so nennen würden. Sie würden von der Straße aus durch das Treppenhaus bis vor die Tür Schlange stehen."

„Sie würden ein berühmter Anwalt werden", sagte ich. „Ihre Kollegen würden Sie beneiden."

„Außerdem ist es ein Beweismittel", fuhr der Anwalt fort. „Wenn eine Mutter kommt, die so heißt, dürfte es seine Mutter sein. Wir würden ein Beweismittel aus der Hand geben, wenn wir den Namen nennen. Rafael Garcia." Er ließ die Silben auf der Zunge zergehen. „Rafael Garcia. Wer den Namen ausspuckt, spuckt Geld aus."

„Was sagt er", fragte Rafael.

„Er meint, wir seien reich."

„Wir sind nicht reich."

„Für jemand, der ein Kind annimmt, sind wir reich", sagte ich. „Wenn ein Kind sich an die Öffentlichkeit wendet, um seine Eltern zu suchen, nimmt man an, daß es in guten Verhältnissen lebt."

„Brauchen Sie ein Foto?" fragte ich den Anwalt.

„Wollen Sie, daß er seine Mutter findet oder daß er einen Heiratsantrag bekommt?"

Ich fühlte, daß ich schwitzte. Der Anwalt starrte auf meine Füße.

„Ich bringe es nicht fertig, mir die Schuhe putzen zu lassen. Deshalb trage ich Sandalen", sagte ich.

„Aber tun Sie den armen Teufeln doch einen Gefallen. Ich werde die Anzeige in zwei große Zeitungen setzen lassen", fuhr er fort. „Es wird kostenlos sein, da es sich um einen sozialen Dienst handelt."

„Wann sollen wir wiederkommen?" fragte ich.

„In einer Woche."

„Wir werden ins Tiefland fahren, ans Meer und nach Guayaquil und mit der Eisenbahn wieder zurückkommen."

„Ja, tun Sie das, es ist ein schönes Land."

12

Eine Woche später standen wir wieder im Büro des Anwalts. „Was haben Sie gemacht", fragte er, als er den Verband an meinem Handgelenk sah.

„Einer Ihrer Landsleute ist mir zu nahe gekommen."

„Sind Sie überfallen worden?"

Ich bejahte und berichtete kurz.

„Es tut mir sehr leid", sagte der Anwalt. „In diesem Land muß man aufpassen. Brauchen Sie einen Arzt?"

„Es heilt schon. Es war meine Schuld. Ich hätte nicht in die Slums fahren sollen."

„Haben Sie schon gesehen?" fragte der Anwalt. Er bückte sich und holte zwei Zeitungen unter der Ablage eines kleinen Tisches hervor. Umständlich, mit einer zeremoniellen Geste, schlug er sie auf. „Hier, lesen Sie."

„Ich weiß", sagte ich. „Wir haben eine Zeitung in Guayaquil gekauft. Sie haben gute Arbeit geleistet."

„Es ist auch im Radio gekommen. Im Radio Sul. Ich habe es gehört, als ich nach Hause fuhr. Den ganzen Bericht haben sie gesendet. Wort für Wort."

„Und", fragte ich, „hat sich jemand gemeldet?"

„Ja", sagte er, „neunzehn Personen, achtzehn Frauen und ein Mann."

„Und?"

Er schüttelte den Kopf. „Die Frauen müssen vier Kriterien erfüllen", sagte er stolz. „Erstens, sie müssen den Namen kennen, besser noch, ihn selbst tragen. Rafael Garcia." Er blies die Silben über die Lippen, als würde er Flöte spielen.

„Zweitens sie müssen den Ort, an dem er gefunden wurde, wenigsten ungefähr angeben können. Hierbei würde die Angabe genügen: Unterhalb des Panecillo.

Drittens sie müssen die Zeit ungefähr angeben können, nicht unbedingt den Tag, aber das Jahr und die Jahreszeit.

Viertens sie müssen das richtige Gesicht haben, nicht zu alt und nicht zu jung und – dunkel. Wer nur eine der Bedingungen nicht erfüllt, scheidet aus."

„Und?" fragte ich wieder.

Er schüttelte abermals den Kopf. „Fünf Mütter waren zu jung. Sie hätten das Kind mit sieben oder acht Jahren zur Welt bringen müssen."

In diesem Augenblick öffnete eine Frau die Tür gerade so weit, daß sie hindurchschlüpfen konnte. Sie war klein, zierlich und recht hübsch, aber sie wirkte, als hätte sie kein Anrecht darauf hübsch oder sogar glücklich zu sein. Auf den ersten Blick sah man, daß sie nicht Rafaels Mutter sein konnte, denn sie hatte europäische Gesichtszüge.

Sie blieb etwas verwirrt im Raum stehen und setzte sich dann auf eine Handbewegung des Anwalts.

„Wie heißen Sie?"

„Morales."

„Und wo wohnen Sie?"

Sie nannte einen Straßennamen.

„Es liegt am anderen Ende der Stadt", sagte der Anwalt zu mir gewandt.

„Ich komme wegen des Kindes."

„Erzählen Sie."

„Ich habe vor dreizehn Jahren zum erstenmal geheiratet. Damals war ich siebzehn Jahre alt. Ich heiratete den Mann, von dem ich ein Kind erwartete. Ich wußte noch nicht, daß es nicht ein Mann, sondern der Teufel war. Wir wohnten in einem Zimmer und die Nachbarn beneideten uns, weil wir jung waren und nur zu dritt in einem Zimmer wohnten und nicht wie üblich zu sechsen oder sieben. Wir richteten den Raum hübsch ein, in einem Teil stand das Bett. Mein Mann ging regelmäßig zur Arbeit, er war Maler. Manchmal fand er keine Arbeit, aber er bemühte sich."

Die Frau sah uns an. Man hatte den Eindruck, daß sie auswendig gesprochen hatte.

„Als das Kind zwei Jahre alt war, arbeitete ich bei einer Familie. Ich war zehn Stunden weg, acht Stunden Arbeit und eine Stunde für den Hinweg und eine Stunde für den Rückweg. Aber ich verdiente gut."

„Wieviel?" fragte der Anwalt.

„Nun, gut genug zum Leben. Alles ging gut. Ich verstehe noch heute nicht, was sich veränderte und warum. Aber vielleicht hat es schon immer in ihm gesteckt oder schlechte Freunde haben ihn verleitet. Anfangs erwartete er mich noch am Abend. Aber dann erwartete er nicht mehr mich, sondern das Geld, das ich brachte. Er war jetzt häufig betrunken. Er zerrte mich an den Haaren, stieß mir den Kopf gegen die Wand und trat mir in den Bauch. Er wollte mich umbringen, aber er hat nur das Kind umgebracht, das ich von ihm erwartete. Ich hatte eine Fehlgeburt. Vielleicht ist es auch gut, daß das Kind von so einem Menschen gar nicht geboren wird. Aber andererseits kann es ja auch nichts dafür, daß es so einen Vater hat. Mein Mann war immer seltener zu Hause. Er war eigentlich nur noch ein Gast oder er war wie ein Einbrecher. Er trank immer häufiger und brachte seine Kumpane mit. Anstatt ihn zurückzuhalten, feuerten sie ihn an. Deshalb sage ich, daß ich keinen Mann geheiratet habe, sondern einen Teufel."

Die Frau machte eine Pause. Sie schaute uns wieder an. Sie erwartete, daß wir etwas sagen würden. Aber wir schwiegen und so fuhr sie fort: „Eines Tages, als ich nach Hause kam, war das Kind verschwunden."

„Und Sie glauben, daß es ihr Mann mitgenommen hat?"

„Ja."

„Aber warum?"

„Weil man ihn an diesem Tag in der Nähe gesehen hat."

„Aber warum sollte er das Kind mitnehmen und warum sollte er es aussetzen?"

Sie zuckte mit den Schultern.

„Haben Sie bei der Polizei das Kind als vermißt gemeldet?"

„Natürlich."

„Und?"

„Was glauben Sie. Die Polizei hat anderes zu tun, als nach einem kleinen Kind zu suchen."

„Und Ihren Mann, haben Sie ihn wieder gesehen?"

Sie schüttelte den Kopf.

„Und was machen Sie jetzt?"

„Ich habe wieder geheiratet. Ich habe jetzt drei Kinder. Mein Mann ist gut. Manchmal schlägt er uns, aber er ist gut zu uns. Er arbeitet für uns."

Während die Frau sprach, sah sie immer wieder zu Rafael hin. Der lächelte zurück. Es schien so, als wolle er ihr Trost zusprechen.

„Ist das das Kind?" fragte sie schließlich.

„Ja", sagte der Anwalt, „aber Sie können nicht die Mutter sein. Oder können Sie mir erklären, wie ein Kind, das auf der Maldonado gefunden wurde, am anderen Ende der Stadt verloren gehen kann? Kann es etwa durch die Erde gerutscht sein? Und außerdem, schauen Sie sich doch den Jungen mal an."

„Sie machen es sehr gut", sagte ich. „Aber vielleicht sollten Sie etwas sanfter mit der Frau umgehen. Schließlich sind Sie nicht der Untersuchungsrichter und die Frau wurde nicht wegen Kindesaussetzung angeklagt. Sie brauchen ihr keine Schuld nachzuweisen. Glauben Sie übrigens, daß die Geschichte wahr ist?"

„Wahr oder erfunden. Wenn sie gelogen hat, ist es eine Notlüge gewesen."

Die Frau war aufgestanden und gegangen, aber es war mehr eine Flucht gewesen. Ich blickte auf die leere Stelle, wo sie eben noch gesessen hatte. Am liebsten hätte ich gefragt, ob jemand dort gewesen war, aber ich wußte es ja.

„Sie sah recht ordentlich aus", sagte ich.

„Das täuscht. Was glauben Sie, in welcher Kaschemme wir landen würden, wenn wir ihr folgen würden."

„Wollen Sie die anderen Geschichten auch hören?"

Ich schüttelte den Kopf. „Ich glaube, wir haben alles getan, was möglich war, sagte ich. Ich danke Ihnen. Was sind wir Ihnen schuldig?"

Er nannte einen geringen Preis.

„Es ist wenig", sagte ich.

„Es ist doch eine Ehrensache. Es sind die Ausgaben, die ich selbst hatte. Was wollen Sie jetzt tun?"

„Wir haben gehört, daß es ein Büro der Shuar gibt. Wir wollen es aufsuchen."

„Warum?" fragte der Anwalt.

„Wir glauben, daß Rafael ein Shuar ist. Vielleicht kann man uns dort weiterhelfen."

„Ja, versuchen Sie es."

„Dann werden wir auf einige Berge steigen."

„Auf die Berge. Warum das?"

„Ich weiß nicht. Es ist schön. Eigentlich braucht man keinen Grund."

13

Das Büro befand sich in einem Neubau und bestand aus einem Raum. Als wir eintraten, stand ein junger Mann vor uns, der Rafaels älterer Bruder hätte sein können. Er sah Rafael an, dann mich und dann wieder Rafael.

„Wir kommen aus Deutschland", sagte ich, „er ist mein Sohn. Was glauben Sie, woher er kommt?"

„Spricht er spanisch?"

„Nein."

„Machen Sie keine Rätselstunde", sagte der Mann und lachte.

„Bitte, Sie können uns vielleicht helfen. Was glauben Sie, woher er stammt?"

„Ich hätte gesagt, daß er von uns ist."

„Wieso meinen Sie das?"

„Er sieht wie ein Shuar aus. Aber wenn er Ihr Sohn ist."

„Er ist ein Adoptivkind."

„Und woher kommt er?"

„Aus Ecuador."

„Dann ist er doch ein Shuar. Aber was kann ich für Sie tun?"

„Rafael ist vor ein paar Jahren auf der Maldonado gefunden worden. Wahrscheinlich wurde er ausgesetzt. Wir haben nach seinen Eltern gesucht. Wir waren im Waisenhaus, in dem er gelebt hat, auf dem Roten Kreuz, wo er abgeliefert wurde, und wir haben sogar den Polizisten gefunden, der ihn auf der Maldonado entdeckt hat. Wir haben einiges erfahren, vor allem seinen Namen. Dann haben wir einen Anwalt aufgesucht. Er hat sich große Mühe gegeben und anhand des zentralen Geburtenregisters alle namensgleichen und namensähnlichen Personen erfaßt, die ungefähr in seinem Alter sind. Schließlich hat er eine Suchanzeige aufgesetzt, die in zwei großen Tageszeitungen erschienen ist. Wir sind weit, aber nicht ans Ziel gekommen."

„Wie heißt Ihr Sohn denn?"

„Rafael Garcia. Es ist kein einheimischer Name."

„Vielleicht hat man ihn im Waisenhaus so genannt."

„Nein, er hat, als er aufgefunden wurde, selbst gesagt, daß er so heißt."

„Vielleicht hat er den Namen bloß aufgeschnappt. Aber was kann ich für Sie tun?"

„Vielleicht haben Sie von einem Kind aus Ihrem Volk gehört, das verlorengegangen ist."

Der Indio schüttelte den Kopf. Ich übersetzte das Gespräch und Rafael sagte: „Vielleicht kann er ja bestätigen, daß ich von hier bin."

„Vielleicht können Sie Rafael eine Urkunde ausstellen, daß er einer von Ihnen ist. Das würde ihn sehr freuen. Ich lasse einige Unterlagen hier. Wir werden sie abholen, wenn wir zurück sind."

„Das läßt sich machen. Aber was haben Sie vor?"

„Wir haben schon einiges gesehen. Wir waren in Otavalo und auf einer Insel, auf der Indianer wohnten. Wir sind mit dem Bus ins Tiefland gefahren und haben das Meer gesehen und Guayaquil besucht. Schließlich sind wir mit der Eisenbahn wieder ins Hochland gefahren. Jetzt werden wir auf die Berge steigen."

„Auf die Berge? Sie beide?"

„Ja", sagt er, „auf den Iliniza, den Tungurahua und den Cotopaxi. Wir werden es wenigstens versuchen."

„Wenn Sie oben sind, müssen Sie nach Osten blicken. Dann sehen Sie in das Land der Shuar."

„Das werden wir tun. Und bei unserer Rückkehr, erzählen wir Ihnen, was wir gesehen haben. Vielleicht kann Rafael die Urkunde erhalten."

„Ich werde es machen", sagte er.

„Kann ich Ihnen etwas Geld für Ihre Bemühungen geben?"
Er verneinte.

„Wollen Sie wirklich kein Geld", fragte ich noch einmal.

„Ich nehme kein Geld. Ich werde für meine Arbeit bezahlt."

„Aber nicht gut."

„Nicht gut", sagte er.

„Wie Sie wollen." Ich drückte ihm herzlich die Hand und umarmte ihn flüchtig, und Rafael tat es genauso. Dann drehten wir uns um und gingen. Wir hatten uns aber kaum einige Meter auf der Straße entfernt, als er hinter uns hergelaufen kam und uns anrief. Wir drehten uns um und sahen ihn fragend an.

„Ich möchte einen Dollar, einen einzigen Dollar", sagte er.

„Aber Sie können doch mehr bekommen, ich habe es Ihnen doch angeboten."

„Nein, nur einen Dollar.“

„Aber warum einen Dollar? Damit können Sie doch nichts anfangen.“

Er sah mich verlegen an und sagte: „Ich möchte wissen, wie es ist, einen Dollar in der Tasche zu haben.“

14

Ich versuchte mir genau einzuprägen, was ich sah, als würde mein Leben daran hängen. Der Gletscher begann nur wenige Meter über dem schmucklosen, grauen einstöckigen Gebäude der Schutzhütte. An seinem Fuß war er noch mit Schotter und Geröll durchsetzt, aber weiter oberhalb wurde er weiß und glänzend. Man konnte nicht die Spitze des Berges sehen, sondern nur einen Steilhang, hinter dem viele andere folgen würden. Unterhalb der Hütte führte ein Weg über roten Lavasand zu dem baumlosen Hang, an dem das Taxi gehalten hatte, das uns hergebracht hatte. Nun war es längst fortgefahren, und ich suchte nach dem Platz, an dem es gestanden hatte. Noch tiefer lag die weite, mit Gras bewachsene Ebene. In früheren Zeiten war sie von Wasser bedeckt gewesen.

Wir stiegen einige Meter aufwärts zum Gletscherrand, um einen Weg zu erkunden, den wir am nächsten Morgen nehmen würden. An der Schneegrenze hatte jemand ein roh zusammengezimmertes Schild aufgestellt mit der unbeholfenen Aufschrift: Zum Cotopaxi acht Stunden. Ein Pfeil deutete auf eine Spur, die sich im Gletscher verlor, aber ich konnte sehen, daß es genügend Brücken gab, die über die Spalten führten.

Ich bückte mich, hob einen Stein auf und sagte: „Morgen wird die Spitze des Cotopaxi hier sein. Wir werden in das Fenster in Quito sehen, von dem wir am ersten Tag diesen Berg erblickt haben, und ich werde uns zuwinken. Und wir werden auf die Calle Maldonado hinabspucken.“

„Meinst du, wir werden es schaffen?“ fragte Rafael.

„Ja."

„Warum bist du so sicher?"

Ich hatte so intensiv an die Spitze des Berges gedacht, mit solcher Leidenschaft, als gäbe es gar keinen anderen Ort auf der Welt oder als sei es die Welt selbst, die ich dort erblicken würde. Jetzt sagte ich: „Ich werde ganz von allein hinauflaufen, du mußt nur immer hinter mir herkommen. Wir haben ja das Seil, mit dem ich dich hinaufziehen kann. Wenn ich nicht mehr kann, werde ich trotzdem einfach weiterlaufen."

Rafael hob ein paar Steine auf. Er warf sie gegen das Schild, zunächst wie absichtslos, aber dann wurde sein Ehrgeiz geweckt, und er begann zu zielen.

„Jeder hat zehn Würfe", sagte ich.

In der Hütte saßen einige Einheimische, die wir bereits auf der Hinfahrt vom Taxi aus gesehen hatten. Sie musterten uns neugierig, und einer fragte: „Wollen Sie hinauf?"

„Ja, und Sie?"

„Nein, wir sind nicht dafür ausgerüstet. Werden Sie es schaffen?"

„Ich weiß nicht. Vielleicht. Wenn das Wetter gut bleibt, und wenn wir keine Schwierigkeit mit der Höhenanpassung haben."

Das letzte Licht leuchtete auf dem Berg und färbte ihn rosa, während unten bereits die Nacht eingekehrt war. Wir legten uns früh in der Schutzhütte schlafen, um am Morgen ausgeruht zu sein.

Die Zimmerdecke war nur wenig über mir. Eine Beklemmung überkam mich, daß ich nicht genug Luft zum Atmen hätte. Sie steigerte sich zu einer kleinen Panik. Ich dachte daran, ins Tal zu laufen, um wieder tief und frei durchatmen zu können. Dort unten lag ein See voller Luft, ich würde hinunterlaufen, um ihn auszutrinken. Ich hörte Rafael ruhig neben mir schlafen und war froh, daß wir allein im Raum waren, als ob ein weiterer Schläfer uns die Luft wegschnappen könnte.

Ich verließ das Bett, öffnete die Tür und stieg die steile Stiege hinunter, die ins Freie führte. Sogleich fühlte ich mich besser. Es gab genug Luft, um zu atmen. Obwohl es sternklar war, war es dunkel. Dann erleuchtete ein heller Strahl die mir zugewandte Bergseite. Für einen Augenblick trat sie deutlich hervor. Dieser Vorgang wiederholte sich mehrere Male, als würde sie vom Scheinwerfer eines Leuchtturmes angestrahlt, der sich mit unregelmäßiger Geschwindigkeit drehte. Ich lief um das Haus herum. In der Ferne, wo sich die Luft des Urwaldes mit der des Hochlandes mischte, tobte ein Gewitter. Es war das ferne Wetterleuchten, das den Berg in unregelmäßigen Abständen erhellte.

Ich schaute auf die Uhr. Es war kurz nach Mitternacht, und ich ging wieder hinein, um Rafael zu wecken. Er schlief ruhig. Er war erst vierzehn Jahre alt, aber jetzt sah er noch jünger aus und sein Gesicht war weicher als sonst. Ich bekam wieder ein schlechtes Gewissen. Ich dachte, daß er der Handlanger für meine Träume gewesen war. Aber davon wußte er nichts. Er wußte nichts von sich, von mir und vom Cotopaxi, und das war im Augenblick gut so. Aber ich beugte mich über ihn, wie ich es oft zu Hause getan hatte, um seinen Arm zu berühren, denn es hätte keinen Sinn gehabt, ihn anzusprechen.

Wir verließen die Hütte. Ich hörte unsere gedämpften Stimmen, unsere Schritte im Geröll, das Geräusch der Pickel auf den Steinen und sah den Schein der Stirnlampe auf dem Boden. Ich dachte: Jetzt geschieht es, jetzt ist es soweit, worauf ich so lange gewartet habe, und es ist viel schneller gegangen, als ich gedacht habe, und bald wird es gewesen sein, es wird eine Erinnerung sein und nicht einmal das, und so ist es mit dem ganzen Leben.

Es war neblig geworden, und der Nebel bewegte sich wie ein Vorhang, der von einem Windstoß berührt wird. Die Luft roch nach der Asche des vergangenen Tags. Es war die unwirtlichste, unbewohnbarste Stunde, gleich weit entfernt von gestern und morgen wie eine Einöde zwischen bewohnten, freundlichen, hellen Gegenden. Es war die Zeit, da man schneller als sonst den Mut verliert.

Einen Augenblick war die blasse Scheibe des Mondes über uns zu sehen, dann verschwand sie. Eine Nebelbank trieb auf uns zu wie eine Lawine. Es geschah vollkommen lautlos, und obwohl es nicht anders sein konnte, staunte ich darüber. Im Nu waren wir eingehüllt. Der Schein der Blitze wurde schwächer, aber ich wußte nicht, ob er nicht mehr durch den Nebel drang, oder ob das Gewitter in der Ferne aufgehört hatte. Wir hockten uns hinter einen Felsen, um das Wetter abzuwarten. Rafael zitterte vor Kälte, und ich bekam wieder ein schlechtes Gewissen, daß ich ihn mit hinaufgenommen hatte.

Wir tappten durch die Dunkelheit weiter, kamen am Wegweiser vorbei und zogen uns am Gletscherrand die Steigeisen an. Der Nebel hatte sich verzogen, und wir kamen leichter über die Spalten, als ich gedacht hatte. Als wir den festen Schneeboden erreichten, hatten wir Zeit, uns umzusehen. Der Himmel begann direkt über uns und nichts schien uns gegen seine Kälte zu schützen. Er war voller Sterne. Sie strahlten viel heller als zu Hause, vielleicht lag es daran, daß die Luft klarer war. Es waren unzählige Sterne, und die Leere zwischen ihnen mußte unendlich groß sein, daß ihre Strahlen nicht ausreichten, sie mit Licht zu erfüllen. Nie sieht man von der Welt mehr, als wenn man nachts in den Sternenhimmel blickt. Ich sah die Sterne und zugleich sah ich ihre Landkarte. Sie waren dort in unbegreiflicher Ferne und zugleich waren sie hier und überfielen uns mit ihrer rätselhaften, schweigenden Gegenwart.

Noch ehe die Sonne aufging, färbte sich der Schnee rosa. Nur einige Meter unter uns lag eine geschlossene Wolkendecke, die bis zum Horizont reichte. Sie glich einer Polarlandschaft mit gewaltigen Schnee- und Eisfeldern und nur wenigen Erhebungen. Mitten in dieser Landschaft lagen gewaltige Felsbrocken, mächtigen Findlingen ähnlich. Es waren die Spitzen der Berge, die über das Wolkenmeer reichten. Wir erkannten den Cayambe im Norden, im Westen die Spitzen des Illiniza und im Süden den Tungarahua und das Massiv des Chimborazo, das jetzt über die Entfernung weg kleiner wirkte. Die Wolkendecke wirkte so fest und konsistent, daß es aussah, als könne man hinuntersteigen und über sie hinweg zu jenen Gipfeln und Schneeinseln wandern.

Mit Verwunderung sah ich, daß die Welt um uns herum schön war. Wir stiegen durch einen wundersamen Garten hoch über der Erde, wo sonst nur die Wolken weilen. Wir standen auf einem Balkon, um einen weiten Blick hinabzuwerfen.

Seit Stunden schon lief das Seil hinter mir her. Es war gemustert wie eine Schlange. Sie lief hinter mir her und zwar mit derselben Geschwindigkeit, mit der ich mich selbst bewegte. Wenn ich meine Geschwindigkeit verminderte, wurde sie auch langsamer, und genau so war es umgekehrt. Wenn ich schneller wurde, beschleunigte sie auch. Zunächst schien das Seil lautlos hinter mir herzugleiten, aber dann merkte ich, daß es, wenn es über den Schnee glitt, ein Geräusch erzeugte. Es klang genau so, als wenn die schuppige Haut einer Schlange über trockene Erde gleitet.

Ich achtete auf andere Geräusche in meiner Umgebung. Ich hörte, wie der Eispickel beim Einstechen einen sirrenden Ton erzeugte. Etwas flüsterte in meinem Ohr. Als ich den Kopf wendete, merkte ich, daß es der Wind war.

Ich versuchte mich abzulenken, indem ich an etwas dachte, was außerhalb dieser Welt aus Eis und Schnee lag.

Ich überließ mich meinen Gedanken und Vorstellungen. Ich dachte an die Wälder hinter unserem Haus. Anstatt der endlosen Schneeflächen lagen die Waldwege vor meinen Füßen. Neben mir lief Rafael. Wir holten uns die Kraft, um eines Tages auf den Berg zu steigen. Der Wald war fast unbewohnt, und wir trafen niemanden.

Ich vergaß, daß wir uns beim Aufstieg auf den Cotopaxi befanden, und ich vergaß auch die Anstrengung, bis sie so groß wurde, daß ich mich wieder erinnerte und zu mir zurückkehrte. Ich wußte nicht, wie lange ich in Gedanken fort gewesen war. Ich schätzte mindestens eine halbe Stunde, doch als ich auf die Uhr sah, waren gerade fünf Minuten vergangen.

Die Stunden vergingen, während wir aufwärtsstiegen. Der Berg erniedrigte und demütigte uns. Ehe er uns groß machte, machte er uns zu Zwergen. Er machte uns zu gedankenlosen, nach Atem ringenden Wesen. Ich zählte meine Schritte, doch kam ich nur noch bis sechs oder bis zehn, dann mußte ich anhalten. Wir waren in Raum und Zeit gebannt und kaum noch tauchte der Gedanke an etwas Tröstliches auf, das jenseits dieser Welt lag. Einmal dachte ich an einen großen Fisch, den ich auf einer Klippe in Griechenland gesehen hatte. Er rang nach Luft oder nach dem Element, in dem er atmen konnte.

Hin und wieder drehte ich mich um und sah weit hinter uns die Spur, die wir durch den Schnee gelegt hatten. Ich warf Rafael einen Blick zu und fragte, wie es ihm ginge. Die Luft war dünn und schien meine Stimme kaum zu tragen. Ich erinnerte mich, wie ich ihn einmal in den Alpen gesehen hatte, er kroch auf allen vieren das letzte Stück eines Berges hinauf, manchmal anhaltend, um sich zu erbrechen, aber voller Willen hinaufzukommen.

„Na, wie geht's, mein Alter?" fragte ich.

Er stand einen Meter neben mir auf der Schneefläche, die sich nach oben immer weiter ausdehnte.

„Na, wie geht's?" fragte ich wieder.

„Es geht."

„Werden wir es schaffen?"

„Ich schon. Ich weiß aber nicht, wie es mit dir ist."

„Es geht schon", sagte ich.

Ich heftete meinen Blick wieder auf den schneebedeckten Boden, dorthin, wohin ich den nächsten Schritt setzen würde. Ich wollte nicht mehr den Kopf heben, um nicht die Hoffnung zu verlieren, wenn ich die weiten Schneeflächen vor mir sehen würde. Mein Schritt war klein wie der eines Kindes oder eines alten Mannes. Ein Fuß überholte den anderen nicht mehr. Ich versuchte, mich in den Rhythmus meiner Schritte zu versenken, und zählte: 1, 2, 1, 2, tick, tack, tick, tack. Es war ein ganz mechanisches Vorwärtstrotten.

Mein Körper war wie ein Lasttier, auf dem mein Wille ritt. Ich wünschte bloß noch, daß es nicht mehr weiterginge, daß die Erde aufhören würde und damit auch meine Leiden. Die Brust tat mir weh, der Schmerz konzentrierte sich an einer Stelle, als würde dort ein Messer sitzen, und der Schmerz dehnte sich wellenförmig aus.

Dann hob ich zum erstenmal wieder den Kopf und sah weit hinter der nächsten Bergflanke den Himmel wie eine Verheißung. Er war ganz klar, aber jetzt erschien es mir so, als hätte er die vergangenen Jahre, Monate und Tage so viel Schnee vor uns aufgetürmt, daß wir die Spitze nie erreichen würden.

Ich sah wieder zu Rafael hin. Er war ein Stück zu mir aufgelaufen und sah mich lächelnd an. Ich warf ihm einen aufmunternden Blick zu. Vielleicht hoffte ich, er würde „nein" sagen oder: „es geht nicht mehr." Aber er schwieg und ging weiter.

Endlich erreichten wir den Yana Sacha, den Schwarzen Berg, einen Felsstein, den wir von der Ebene aus mit bloßem Auge gesehen hatten. An seinem Fuß lief noch einmal eine Spalte entlang. Eine feste, sichere Schneebrücke führte hinüber, die mich an eine herabgelassene Zugbrücke über einem Burggraben erinnerte. Bisher war es fast windstill gewesen. Plötzlich fiel uns von links der Wind an. Er riß uns die Luft vom Mund weg, und wir schnappten danach wie Erstickende. Jetzt begann die letzte und steilste Wegstrecke.

Ich weiß, daß es mit den Abenteuern wie mit den guten Taten ist. Sie verlieren ihren Wert, wenn sie in aller Öffentlichkeit ausgeführt werden. Man weiß nicht mehr, ob sie tatsächlich aus Mut oder aus Barmherzigkeit ausgeübt wurden oder nur aus Eitelkeit. Der wirklich Tapfere oder Gute braucht keine Zuschauer. Ich weiß es, und dennoch stellte ich mir in diesem Augenblick der vollkommenen Einsamkeit und Abgeschiedenheit vor, daß der Weg zum Gipfel von Zuschauern bevölkert wäre, als sei es die Zielgerade, in die wir nach einem langen Rennen einbogen, wo die Schaulustigen dicht gedrängt Spalier standen.

Ich sah die Kinder aus dem Waisenhaus und die Damen und Herren aus dem *Colon*. Sie standen in luftigen Kleidern und Ausgehanzügen mitten auf der Schneefläche. Auch die Kinder von der Panamericana knieten dort. Ich weiß nicht, wie sie sich verhielten, ob sie applaudierten und uns die Daumen drückten oder hofften, daß wir so kurz vor dem Ziel stolpern und straucheln würden, aber ich wollte ihnen allen, nicht bloß uns beiden, beweisen, daß wir hinaufkommen würden. Der Verstand sagt mir, daß es unmöglich ist, und doch möchte ich behaupten, daß ich sie dort oben gesehen habe.

Verwundert nahm ich wahr, daß die Welt nicht unter uns zurückgeblieben, sondern mit uns hinaufgekommen war. Ich sah Rafael an. Er ging gebückt und wie in sich gekehrt. Er schleppte schwer. Er schleppte nicht bloß sich hinauf, sondern das ganze Land, um es auf der Spitze wie ein Tischtuch vor sich auszubreiten: den Erdboden, auf dem die lehmfarbenen Indios hockten, die Küste, die Berge und Täler, die Urwälder mit den Strömen, die Dörfer und Städte, die ganze Schönheit und vor allem Quito mit seinem Gewirr von Gassen und Straßen, mit der Armut und dem augenfälligen Elend vieler seiner Bewohner. Diese Vorstellung gab mir Kraft, und ich machte ein paar schnellere Schritte.

Die letzten Meter zog ich Rafael an der Hand hinauf. Er blieb schweratmend neben mir sitzen. Ich legte den rechten Arm um seine Schulter und zog ihn an mich. Dann legten wir uns auf den Rücken. Wir sahen jetzt bloß noch den Himmel über uns und mußten laut lachen.

Als wir uns etwas erholt hätten, sah ich mir den Platz genau an, auf dem wir uns befanden. Es war ein kleines, flaches Plateau. Nach der rechten Seite fiel es nach ein paar Metern zur Kraterwand steil ab, nach links weniger steil zu dem Schneehang, den wir gerade erstiegen hatten. Trotz des Nebels, der durch die Luft zog, erkannten wir, daß wir auf dem höchsten Punkt angekommen waren.

Wir waren jetzt an jenem Ort der Erde, nach dem ich mich so lange gesehnt hatte, und an die Stelle der Vorstellung war die Wirklichkeit getreten. Ich staunte, wie wir hierher gekommen waren, doch schien es mir nicht ohne Logik zu sein.

Langsam drehte ich mich im Kreise. Ich sah nach Norden, Osten, Süden und Westen. Die Sonne stand jetzt schräg über uns. Wir sahen eine Unzahl von Bergen, unter denen der Cayambe, der Illiniza, der Tungurahua und der Chimborazo herausragten. Sie schauten herein wie Besucher durch eine offene Tür. Tief unter uns schwebten Wolken. Sie verdeckten einen Teil des Paramos, der gewellten, grünen und braunen Hochebene.

In der Ferne lagen die Gegenden und Landschaften, die ich nicht sehen konnte, weil sie hinter dem Horizont lagen. Ich sah den ganzen südlichen Kontinent vor mir, wie man ihn auf Landkarten sieht oder auf Aufnahmen aus dem Weltall, nur mächtiger und größer. Das Meer schlug an beiden Seiten an die Küsten. Aus seiner Tiefe tauchte das Land auf, es schwang sich über das Meer hinauf in jene Höhe, auf der wir standen. Ich sah nach Osten in den Oriente hinunter und dachte an die Ströme, die zum Amazonas hinabflossen, und ließ mich mit dem Wasser mittreiben an den Städten Iquitos und Manaus vorbei, bis ich wieder ans Meer kam. Und ich dachte, daß man das Wasser des Ozeans und den Schnee der Berge nehmen müßte, um dieses Land und diesen Kontinent vom Elend reinzuwaschen.

Ich sah Rafael an, der ein paar Meter neben mir stand und in die Ferne schaute. So hatte ich ihn sehr oft neben mir gesehen, aber nun standen wir auf dem Cotopaxi. Natürlich hatte ich erproben wollen, ob wir es schaffen würden, ob er schon alt und ich noch jung genug war. Es war auch eine Art stummer Revolution, wo man das unterste zuoberst kehrt, und ich genoß einen stillen Triumph, daß es gelungen war. Auch war es eine Bewährungsprobe für Rafael. Jetzt aber war mir plötzlich klar, warum wir hinaufgestiegen waren.

Ich sah wieder zum Chimborazo hinüber. Dann sah ich Rafael an. Er hatte sich in den Schnee gesetzt und blickte hinab. Die Stadt mit dem goldenen Engel, dem Waisenhaus und der Calle Maldonado lag unter ein paar Wolken. Ich ahnte, woran er dachte.

Langsam ging ich zu ihm hinüber und legte ihm den Arm um die Schultern.

„Wir haben noch ein paar Tage Zeit", sagte ich. „Wir steigen jetzt hinab. Wenn jemand dich fragt, woher du kommst. Was wirst du antworten?"

„Aus Deutschland."

„Ja, aber du kannst auch sagen: Von oben, von den Vulkanen. Ich weiß jetzt, warum wir auf diese Berge gestiegen sind."

Er sah mich fragend an, und ich wußte nicht, ob er mich verstanden hatte. „Nicht, um von hier oben herunterzuspucken. Ich wollte dir dein Land zu Füßen legen, wenigstens einen Augenblick lang."

Teil II

1

Ich setze einen Fuß vor den anderen und achte darauf, wie sich, entsprechend dem Takt der Füße, Stapfen im Schnee bilden. Der neue Abdruck wird zugleich von dem nächsten überholt und bleibt hinter ihm zurück wie dieser hinter dem kommenden. Es ist aber jeweils ein Fußabdruck der äußerste, am weitesten vorgeschobene und fortgeschrittene. Es ähnelt einer Tonfolge. Jeder Ton fällt in eine unberührte Stille, wird aber abgelöst von dem nächsten und sinkt in die Lautlosigkeit zurück.

Ich drehe mich immer wieder um und betrachte die Spur, die ich hinter mir gelassen habe und hinter mir her ziehe. Die Hütte liegt einige Meter entfernt unter mir und manchmal, wenn der Wind den Nebel verscheucht, tut sich tief darunter unversehens Land auf. Ich überlege und obgleich es mich anstrengt, vielleicht liegt es an der Höhe, auf der ich mich befinde, genieße ich das Glück des Nachdenkens. Die Spur zieht sich von der Hütte zu mir herauf, die einzelnen Fußstapfen liegen jetzt nebeneinander auf der Schneefläche im Raum, von dort unten bin ich hierher gekommen. Zugleich aber bilden sie ein Nacheinander, eine Aufeinanderfolge, eine Abfolge, und es scheint mir, daß sie aus der Vergangenheit in die Zukunft führen. Meine Spur führt an ihrer Grenze entlang. Sie gibt immer mehr von sich preis, aber derart, daß sie sich zugleich zurückzieht und so ein unbetretbarer Bereich bleibt.

Die Spur erscheint mir wie die sichtbar gewordene Zeit und ich denke, daß sie nur ein winziges Stück auf dem Weg zwischen dem Anfang des Lebens und seinem Ende ist. Jener liegt weit, weit da hinten und dieses, so hoffe ich wenigstens, noch ein Stück weit da vorn. Der Weg führt am Berghang entlang, auf dem ich stehe. Der Berghang liegt aber nicht bloß im Raum und nimmt eine Stelle an der Erdoberfläche ein. Er liegt auch an meinem Weg, am Weg eines Vorübergehenden. Für einen Augenblick sehe ich in den Dingen die Küsten der Welt, die vor mir auftauchten und wieder verschwinden und unauffindbar sein werden. Ich erlebe einen Moment besonderer Wachheit und bin aus dem Schlaf aufgewacht, der sonst das Leben bedeutet, wenigstens glaube ich das. Ich sehe mich gleichsam am Leben und bin glücklich. Am liebsten würde ich niederknien, aber da ich es sonst auch nicht tue, würde ich mir lächerlich vorkommen und lasse es sein. Im Unglück möchten wir oft an einen Gott glauben, der uns beschützen und alles richten wird. Man kann auch einen Gott erfinden, um jemandem danken zu können.

Ich sehe, wie Rafael aus der Hütte kommt und ein paar Schneebälle gegen das Schild mit der Aufschrift: „Cotopaxi acht Stunden" wirft und dann beginnt, einen Schneemann zu bauen. Eine Weile schaue ich ihm zu. Er scheint ganz vertieft zu sein und alles um sich herum vergessen zu haben. Wir sind die einzigen Gäste und haben beschlossen, noch diesen Tag zu bleiben, um uns vom Aufstieg zu erholen und uns daran zu freuen.

Ich gehe ein paar Schritte weiter, vor mich hin. Dann blicke ich wieder auf die Fußstapfen hinter mir zurück. Sie sind überholt, nicht mehr up to date. Sie führen in ein Land zurück, aus dem ich ausgewandert bin und das die Vergangenheit ist. Allerdings stimmt der Vergleich nicht ganz. Ein Auswanderer, ein Emigrant, ein Heimatvertriebener läßt etwas zurück, eine Landschaft, eine Stadt, ein Dorf, ein Haus. Eines Tages wird er vielleicht zurückkehren. Ich kann nicht zurückkehren, denn jeder Schritt ist ein Weitergehen, ein Weiterfort.

Die Zukunft, in die ich hineingegangen und die mir verborgen gewesen war, ist nun enthüllte aufgedeckte Vergangenheit, aus der ich geradewegs auf mich zu komme. Ich gehe mir auf dem Weg der Erinnerung entgegen. Ganze Zeiten, die verstrichen sind, sind tatsächlich wie ausgestrichen, als seien sie nie gewesen, und Landschaften, die eben noch vom Licht erfüllt waren, liegen im Nebel da, aus dem nur einzelne Gegenstände und Gestalten hervortreten. Aber es genügt, den Weg zu rekonstruieren, den wir hergekommen sind, auch wenn es sich dabei manchmal eher um Erfindung als um Wahrheit handelt.

Ich sehe die beiden wieder im Hotelzimmer in Quito stehen und auf den Cotopaxi blicken. Etwas später, etwas weiter auf dem Weg hierher, stehen sie auf der Plaza San Domingo und sehen zu, wie vier Burschen ihr Opfer zum Brunnen schleppen und hineintauchen. Dann befinden sie sich im Waisenhaus und verabschieden sich von der Oberin. Sie stehen reglos da, dann setzen sie sich in Bewegung. Es ist, als würde ein Film, der angehalten war, in Bewegung gesetzt oder als würden zwei Standbilder vom Sockel eines Denkmals steigen. Sie treten auf die Straße hinaus, kommen wieder durch den Park, gehen an dem Geschäft vorbei, in dem Sor Julia die Mütze für Rafael gekauft hat, und steigen eine Altstadtstraße hinauf, die zum Panecillo führt. Sie überqueren mehrere Straßen, die in großen, parallelen Ringen um den Berg laufen. Sie sind still und fast menschenleer, denn es ist Mittagszeit. Nur ein paar Jugendliche stehen an einer Ecke herum, sie folgen ihnen mit den Blicken und die Stille bekommt etwas Bedrohliches, als könne etwas Unvorhergesehenes geschehen. Er ist froh, daß sie sich für den Besuch im Waisenhaus nicht besser angezogen haben, und strafft seinen Gang, um nicht wie ein Opfer auszusehen.

Zunächst sind auf der Straße noch ein paar Autos. Dann wird sie so steil, daß sie nur noch durch treppenartige Absätze begehbar ist. Es wird sehr heiß, und er spürt die Last seines Körpers. Er fürchtet, daß sie auf keinen richtigen Berg hinaufkommen werden, wenn sie schon Schwierigkeiten am Panecillo haben. Von Zeit zu Zeit bleiben sie stehen und sehen sich um. Mit ihnen scheint die Stadt aus dem Talkessel hinaufzusteigen. Sie sehen die weiße Fassade des Gebäudes mit den zwei Seitenflügeln, das Hochhaus und die Reihenhäuser des Waisenhauses und den Rasenplatz, den sie umschließen. Die Schaukel auf dem Rasen sieht von oben wie ein rotgestrichenes Fußballtor aus.

Der Engel auf dem Panecillo steht auf einer mächtigen Kugel, die auf einem turmartigen Sockel ruht. Er hält segnend die rechte Hand auf, der linke Arm ist am Körper geborgen, der in ein langes, fließendes Gewand eingehüllt ist. Zu seinen Füßen ringelt sich eine Schlange, dem Lindwurm ähnlich, den der heilige Georg erlegt hat. Er blickt nach Norden in die Richtung, in der sich der größere Teil der Stadt ausdehnt.

Sie überblicken die ganze Stadt, die hier, nahe der runden Kuppe des erloschenen kleinen Vulkankegels mit den letzten, versprengt auseinander liegenden Hütten zu beginnen scheint. Hügelabwärts formieren sie sich zu deutlich erkennbaren Straßenzügen, die in die alten Stadtviertel führen, durch die sie gekommen sind. Sie liegen in einem Becken, umschlossen von nahen Berghängen, an denen wieder einzelne Behausungen hinaufklettern. Wo sie aufhören, geht das Gras bald in den vegetationslosen Fels über. Links ragt die weiße Spitze eines Vulkans hervor. Einige Wolken liegen über der Gegend, ihre Schatten ziehen wie dunkle Felder in der Stadt hin und her.

Er holt den Stadtplan hervor, und sie versuchen, Plätze und Straßen in der Stadt zu bestimmen, die selbst wie ein mächtiger Plan vor ihnen liegt. Sie erkennen die Calle Venezuela, die Calle Guayaquil und Calle García Moreno, die am Fuß des Panecillo beginnen, sich durch die weißen, mit roten Ziegeln gedeckten Häuser der Altstadt hindurchziehen und sich in der Ferne in geradeaus verlaufenden Bahnen verjüngen, im Norden, wo sich die neue Stadt ausbreitet. Dort finden sich die dicht beieinander liegenden Hochhäuser.

Sie sehen die Plaza San Francisco und die Plaza Cumandá und entdecken, daß sie bereits eine Geschichte in der Stadt haben. Auf der Plaza Cumandá waren sie gestern auf eine Ansammlung von Indios gestoßen. Sie standen mit staunendem, gläubigem Lächeln da und hörten einem Mann zu, der Amulette, die gegen Unglück schützen sollten, anpries. Schließlich hatte er die Amulette verkauft und dabei den Indios starr in die Augen gesehen. Auf der Plaza Grande hatte ein Priester aus dem Leben García Morenos erzählt und anschließend Schriften verteilt. Hinter der Plaza San Francisco, wo die Straßen so eng wurden, daß nur Lastträger die Waren transportieren konnten, hatten sie einen Straßenmarkt entdeckt.

In der Ferne befindet sich ein kleiner, hochgelegener Fußballplatz, auf dem ein paar Jungen kicken. Er bekommt Angst, der Ball könne den Berg hinabrollen, und muß immer wieder hinschauen, als könne er ihn damit bannen.

Sie sehen zwei Deutsche, die auf dem Herflug im Flugzeug hinter ihnen gesessen haben, den Berg heraufkommen. Der Weg, auf dem sie gehen, kommt ihnen jetzt wie ein Trampelpfad vor.

Sie hören in die Stille hier oben den Lärm aus der Stadt dringen. An einem Geländer hängen Decken und Ponchos, die ein paar Indios zum Verkauf anbieten. Ein Bus mit der Aufschrift „Mitad del Mundo" setzt sich langsam in Bewegung. Sie springen noch auf, um zum Äquator zu fahren. Der Bus schaukelt den Berg auf einer holprigen Straße hinunter zur Plaza Santo Domingo, wo sich Busse aus anderen Straßen kommend in eine Reihe einfädeln, um hintereinander fahrend den Platz zu überqueren. Sie folgen so dicht aufeinander, als seien sie aneinander gekettet. Nun fährt er durch die Calle Venezuela in die neue Stadt, an der Universität vorbei, durch einige Vororte und in jene Ferne hinaus, in die sie vom Berg geblickt hatten.

Noch sind sie weit entfernt und ich sehe sie tatsächlich verkleinert wie aus großer Distanz, aber allmählich werden sie sich nähern und schließlich hier ankommen. Ich forsche nach den verborgenen Bewegungsgesetzen, denen sie folgen, ähnlich einem Naturwissenschaftler, der die Bewegungen von Körpern untersucht. Nur kann er sich mit Zahlen und Formeln ausdrücken, während ich auf Wörter angewiesen bin.

Mir fällt erst jetzt auf, daß ich außerhalb meiner selbst geraten bin. Wahrscheinlich ist das der Grund, weshalb ich von „ihm" und nicht von „mir" und von „ihnen" und nicht von „uns" spreche. Ich bin tatsächlich außer mir und sehe meinen Körper wie den eines anderen. Zweifellos könnte ich, wäre ich jetzt neben ihm, um mich herumgehen und mich von allen Seiten betrachten. Ich bin ein anderer, ein Fremder, einer von vielen, die in der Stadt umhergehen. Doch sind es meine Kleidung, die Bewegungen meines Körpers, vor allem aber meine Gesichtszüge, die mich an mich selbst erinnern. Ich kann mich deshalb unter den anderen erkennen, ähnlich wie man sich auf einem Klassenfoto erkennt, selbst wenn es vor langer Zeit entstanden ist.

Ich muß auch an Menschen denken, die ein Nahtod-Erlebnis gehabt haben, die also beinahe schon tot gewesen, aber dann in das Leben zurückgerufen worden sind. Sie berichten, daß ihre Seele ihren Körper verlassen habe und sie sich von außen beobachteten. Manche erzählen auch, daß sie noch einmal ihr Leben durchlaufen und durchlebt hätten. In der realen Zeit mag es nur wenige Sekunden oder Minuten gedauert haben, aber sie empfanden es wohl so, als würde es tatsächlich so lange dauern wie ihr vergangenes Leben gedauert hat.

2

Einen Tag später, einen Tag weiter auf dem Weg zu uns stehen sie vor dem Roten Kreuz. Es befindet sich in einem schmucklosen Gebäude auf der Grenze zwischen alter und neuer Stadt. Über dem Eingang ist ein großer Blutstropfen aufgemalt, der zwei betenden Gestalten, die darunter knien, in die Hände fällt. Er erinnert ihn an eine Träne, die aus einem blutenden Auge tropft.

Er erzählt der Frau, die in der kleinen Eingangshalle an einem Tisch sitzt, ihre Geschichte. Sie hört zunächst verwundert und dann aufmerksam zu. Es gebe Aufzeichnungen über alle Kinder, die eingeliefert worden seien, sagt sie, aber die Frau, die den Schlüssel für das Archiv besitze, sei an diesem Tag nicht da. Er fragt, ob es keine Möglichkeit gebe, den Schlüssel zu besorgen. Sie verneint. Sie sollen übermorgen wiederkommen.

„Warum nicht morgen?"

„Da ist geschlossen."

Er fragt Rafael, was sie tun sollen. Aber noch ehe er antwortet, merkt er, daß ihm viel daran liegt, hier zu bleiben. Daher schlägt er ihm vor, nach Otavalo zu fahren und morgen zurückzukehren. Sie holen die Schlafsäcke aus der Pension und nehmen nur das Notwendigste mit und bald sitzen sie im Bus.

Sie fahren aus der Stadt hinaus und nähern sich. Aber was ist das? Sie fahren ja nach Norden. Der Berg, auf dem ich mich befinde, liegt nun in ihrem Rücken, sie entfernen sich immer weiter. Sie müßten nach Süden fahren, wenn sie sich nähern würden. Wie können sie sich nähern, obwohl sie sich entfernen? Nun, von meinem Standpunkt hoch oben auf der Hütte nähern sie sich, sie nähern sich unaufhaltsam, wie man sich einem fernen Tag nähert, einem Fest, einem Geburtstag oder einer mit Blumen geschmückten Wiese, wenn es Winter ist. Sie werden ins Tiefland und ans Meer fahren, auf den Tungurahua steigen und Baños besuchen. Sie nähern sich auch dann, wenn sie sich im Raum entfernen. Sie werden durch die Tage bewegt wie von einem sanften Wellenschlag. Sie selbst aber ahnen davon nichts, sondern glauben, daß sie sich nur im Raum zwischen den vorhandenen Dingen und Orten hin und her bewegen.

In Otavalo steigen sie aus und schlendern durch die Stadt. Die Indios, die sie in den Straßen sehen, tragen lange, geflochtene Zöpfe, weiße Leinenhosen und an den nackten Füßen geflochtene Sandalen. Die Frauen haben weiße Blusen an, und um den Hals haben sie mehrere Ketten mit roten und gelben Perlen geschlungen. Es ist eine heitere, ländliche Stadt. Auch die Menschen wirken zufrieden und scheinen genug zu haben, und wenn sie auch arm sind, so ist es doch kein Elend.

Sie wandern aus der Stadt hinaus und kommen auf eine Wiese, durch die ein Bach fließt und auf der Wäsche zum Trocknen ausgelegt ist. Es ist ein anmutiger Ort. Sie steigen einen Weg hinauf und überholen einen Mann auf einem Maulesel, dem zwei Schafe hinterher trotten. Am Ende des Wegs stehen einige Häuser, und dort beginnt ein Pfad, der direkt auf den Berg vor ihnen zuläuft. Es ist ein kleiner Vulkan, dessen oberste Spitze mit Schnee bedeckt ist. Der Pfad ist mit sanftem Gras bewachsen und gerade breit genug, daß die Füße beim Wandern bequem Platz finden. Zu beiden Seiten des Weges stehen große Agaven und Bäume, in denen der Wind rauscht. Der Wind ist so warm, als sei er an der Sonne vorbeigeglitten. Der Hang des Berges ist fast blau. Eine einsame kleine Wolke zieht auf.

Sie treibt auf die Bergspitze zu, bleibt dort einen Augenblick hängen und entfernt sich wieder wie ein Schiffchen, das kurz vor Anker gegangen ist.

Etwas später, etwas weiter gehen sie auf einem sonnenbeschienenen Weg, inmitten der vertrauten und fraglos vorhandenen Welt, und er denkt, daß die Erde vielleicht nur da sei, damit die Menschen sich begegnen können. Das ist natürlich Unsinn. Plötzlich aber, als sei der in jedem Lebenden abwesende Tote auferstanden, sieht er, daß dieser schöne Platz auch ein schon bald verschollener Ort ist, unauffindbar, auf den sie die Füße gesetzt haben, jemand, der er ist, und Rafael, der sein Kind ist. Er sieht nicht bloß ihn, er nimmt seine Gegenwart wahr. Nichts ist rätselhafter als unsere gegenseitige Anwesenheit. Man muß sich nur erinnern, wie kurz sie währt. Nichts, gar nichts wird davon übrigbleiben, aber gerade deshalb wird es gewesen sein, und wie um sich zu vergewissern, daß wahr ist, was ihm gerade begegnet, berührt er ihn mit den Fingern sachte an den Schultern.

Je näher sie dem Berg kommen, desto unnahbarer scheint er zu werden. Er wird schließlich so groß, daß sie ihn aus den Augen verlieren. Sie verirren sich in einer ausgetrockneten Schlucht, in der sie aufwärts steigen, und finden zwischen ausladendem Buschwerk einen versteckten Pfad, der weiter führt. Vor ihnen geht eine Indiofrau, die sich erschrocken umschaut, als sie sie hört. Sie bleibt stehen und läßt sie vorbei. Sie gehen ganz an der Seite, um sie nicht zu ängstigen, und grüßen freundlich. Zwischen hohen Kakteengewächsen stehen einzelne, geduckte Hütten. Etwas abseits liegt eine verlassene Kiesgrube, auf der eine ausrangierte Maschine steht.

Ganz unvermittelt befinden sie sich wieder auf einer asphaltierten Straße. Sie folgen ihr und sehen nach wenigen Metern einen See, in dessen Mitte eine Insel liegt. Die Straße endet vor einem Hotel. Sie gehen hinein und sagen zu der Empfangsdame, sie wollten am nächsten Tag auf den Berg über den See steigen, und fragen nach einem Zimmer. Sie sieht sie von oben bis unten an und schüttelt dann den Kopf. Das Hotel sei belegt, aber sie könnten auf der Insel übernachten. Er glaubt ihr nicht, aber er ist zu müde, um zu widersprechen, und sie lassen sich in einem Boot übersetzen.

Auf der Insel befinden sich zwei Häuser, von denen eines von zwei Indianerfamilien bewohnt ist. Das andere steht leer. Der Mann, der sie hinübergerudert hat, zeigt ihnen eine kahle Kammer mit zerborstenen Fensterscheiben, wo sie übernachten könnten. Sie lassen ihr Gepäck zurück und steigen auf schmalen Schlängelpfaden zwischen mächtigen Farnkräutern zur höchsten Erhebung der kleinen Insel. Sie hören das Geräusch eines Motorbootes und sehen es hinter einem Baum auftauchen. Vom See steigt ein steiler Hang fast senkrecht auf zu Grasflächen, die sich sanft immer höher schwingen und ganz zuletzt in Felsen übergehen, auf deren höchster Spitze etwas Schnee liegt. Auf den Grasflächen gibt es ein paar gerodete Stellen, die sich wie dunkle Löcher vom Grün abheben. Ganz oben, schon nah an den Felsen und weit weg von ihnen, wo Gras abgebrannt wird, steigt Rauch auf.

Inzwischen hat das Motorboot angelegt. Einige Touristen steigen aus und gehen auf die Indianer zu. Einer von ihnen gibt dem Fährmann eine Münze, und sein Sohn stellt sich neben einem Indianerjungen zum Fotografieren auf. Er würde am liebsten hinunterlaufen und dem Indio sagen, er solle es nicht zulassen.

Das letzte Boot verläßt die Insel, und mit ihm verschwinden die Besucher. Sie bleiben allein mit den Indianern zurück. Die Dämmerung stellt sich ein, sie setzen sich auf den überdachten Vorplatz. Drüben im Hotel gehen die Lichter an, und bald hört man Musik aus einem Lautsprecher. Die Indios gehen in kleinen Gruppen an den See zum Landungssteg, um sich zu waschen. Inzwischen ist es so dunkel geworden, daß man die einzelnen nicht mehr unterscheiden kann.

Sie gehen in die Kammer, legen sich in eine Ecke, rollen sich in die Schlafsäcke ein und lauschen in die Nacht. Einmal rauscht das Wasser des Sees heftig auf, dann ist es totenstill. Er hört noch einmal das Flügelklatschen der Enten auf dem Wasser.

Am Morgen gehen sie zum anderen Haus hinüber. Der älteste der Indianer erzählt ihnen, daß sie erst seit kurzem auf der Insel lebten, das Haus aber schon vierzig Jahre alt sei. Sie seien hierher gezogen, weil sie am Ufer des Sees Schilf gefunden hätten, aus dem sie Matten flechten, die sie an Touristen, welche manchmal an den Wochenenden hier auftauchten, verkaufen. Es gefiele ihnen auf der Insel besser als an ihrem früheren Wohnort, da es hier ruhiger sei. Im Winter würde es allerdings kalt werden. Die Kinder, welche keine Schuhe hätten, begännen zu husten und würden krank werden, aber ein Arzt sei weit.

Sie überlassen ihnen alles, was sie entbehren können: ein Handtuch, einen Taschenspiegel, ein Baumwollhemd und Seife. Ein älteres Mädchen reißt Rafael das Handtuch, das er zuerst nicht weggeben will, da es benutzt ist, beinahe aus der Hand. Kurz darauf kommt der andere Indio mit seiner Tochter herein und sagt, daß er zu kurz gekommen sei. Er zeigt auf seine Tochter und bittet um ein Geschenk für sie. Sie geben ihm etwas Geld.

Auf dem Rückweg zum Bus, der sie nach Quito bringen wird, kommen sie durch ein leeres Dorf, wo ihnen Hunde nachbellen. Er sieht, daß ihre Schatten ganz klein sind, und erinnert sich, daß sie sich am Äquator befinden. Ein Radfahrer überholt sie, und bald sehen sie sie ihn in der Ferne, wie er eine Anhöhe hinauffährt, wobei er hin- und herschwankt. Als sie den Hügel erreichen, ist er längst verschwunden. Sie hören einen Omnibus hinter sich und springen hinter eine Hecke, als müßten sie sich schämen, gesehen zu werden. Der Omnibus ist voll besetzt mit Indios, einige hocken sogar auf dem Dach. In einer Art von Trotz beschließen sie weiterzugehen.

Es ist wirklich seltsam, während sie dort entlanggehen, halten sie die Richtung auf uns zu ein. Es spielt keine Rolle, ob sie anhalten und ausruhen oder sich bewegen oder ob sie sich schneller oder langsamer bewegen. Sie werden deshalb nicht früher oder später hier oben ankommen. Auch die Nacht oder den Tagesanbruch erreicht man nicht schneller, indem man seine Schritte beschleunigt. Ohne es zu ahnen, folgen sie keiner der üblichen Richtungen mehr. Wohin sie sich auch immer wenden und wenden werden, nach Süden, Norden, Osten oder Westen, zum Meer oder zum Urwald, nach Otavalo, nach Quito, nach Guayaquil, nach Riobamba, sie folgen nicht mehr den Weisungen der Windrose, sondern der einen Richtung des Zeitpfeils. Man könnte alle Namen auf den Straßenschildern ausstreichen, so daß nur die Spitze als Zeichen übrigbliebe, sie weist in keine Richtung oder in alle, jedenfalls in keine des Raumes.

So unmöglich es ist, daß sie umkehren und in die Vergangenheit zurückgehen können, so notwendig ist es, daß sie in die Zukunft gehen.

Es gibt nur den einen Weg, der zu uns führt. Sie sind zu uns unterwegs, während sie dort umhergehen und sich aufhalten. Sie werden bei sich selbst ankommen, während man sonst bei anderen ankommt.

Sie sind auf Reisen. Eine Reise ist die Unterbrechung des Alltags. Der Alltag ist nach den Mustern von Zwängen und Gewohnheiten gestrickt. Oft ist ein neuer Tag nur die Wiederholung des vorangegangenen, die Zukunft nur die der Vergangenheit. Natürlich kann auch in den Alltag etwas völlig Unvorhergesehenes einbrechen, ein Unglücksfall, ein Tod, ein unverhoffter Gewinn, doch ist es eher die Ausnahme.

Eine Reise hingegen bringt stets etwas Neues. Man weiß nicht, wie der nächste Tag aussehen wird. Über welcher Landschaft wird die Sonne aufgehen, wen wird man kennenlernen, wo wird man übernachten? Es ist, als würde man ständig ein Geheimnis lüften und den Weg offenlegen, den man geht.

Sie kommen aus der Vergangenheit und gehen in die Zukunft. Sie glauben, daß sie von da und dort her kommen und da und dort hin sich bewegen. Aber sie kommen auch daher und gehen dahin, sie sind Dahergelaufene, deren Herkunft und Namen niemand kennt und Dahingehende. Sie kommen da her, wohin die Tage und Nächte gehen, und gehen da hin, woher sie kommen. Sie können diesem Weg gar nicht entgehen und jene kleine Wegstrecke, jener Abstecher, jene kleine Reise nach Otavalo ist nur ein Teil eines ganz anderen Weges, einer ganz anderen Reise, die sie von einem Ende des Lebens zum anderen führt.

3

Ich bin in die Schutzhütte zurückgekehrt und koche mir einen Tee. Auch Rafael ist jetzt dort, er hat sich hingelegt und schläft ruhig. Doch dann muß ich wieder an sie denken. Ich glaube nicht an die Vorherbestimmung, nicht einmal an die göttliche. Jeder Mensch kann, so meine ich, seinen Weg in gewissen Grenzen selbst bestimmen. Natürlich hängt das Maß davon ab, in welchen Verhältnissen er geboren wird und in welchen Zeitläufen er lebt. Niemand schreibt auch allein seine Geschichte, sondern jeder hat viele Mitautoren. Ich glaube also nicht an die Vorherbestimmung, aber ich habe plötzlich die Gabe der Vorhersehung erhalten. Ich sehe voraus, was den beiden zustoßen wird, und ihr Weg scheint tatsächlich vorherbestimmt zu sein. Sie sind auf einer Abenteuerreise. Sie wollen seine Mutter finden und einige Berge besteigen. Aber sie wissen nicht, ob sie die Mutter finden und auf die Berge gelangen werden. Das alles ist für sie noch offen. Man kann auch sagen, daß es ihnen verborgen ist. Ich jedoch weiß, daß sie die Mutter nicht finden und auf einige Berge gelangen werden. Wenn ich auch bereits vieles vergessen habe, was ihnen begegnen wird, so sind doch genügend viele Spuren übriggeblieben, daß ich ihren Weg kenne. Ich sehe manchmal sogar Kleinigkeiten voraus.

Sie sind auf dem Weg der Erwartung und Hoffnung, aber für mich ist es der Weg der Erinnerung. Vor ihnen liegt, was hinter mir liegt und was für sie Zukunft ist, ist für mich Vergangenheit. Sie gehen in die Zukunft hinaus, aber für mich ist es Vergangenheit, aus der sie herauf und auf mich zukommen. Was ihnen verborgen ist, ist mir enthüllt. Ich will deshalb nicht sagen, daß ihr Schicksal vorherbestimmt ist, aber es ist auf eine gewisse Weise festgelegt.

Sie scheinen mir wie Romanfiguren zu sein, die sich scheinbar frei bewegen und es selbst glauben. Und doch ist ihr Schicksal schon in den ungelesenen Seiten beschlossen. Dort steht jedes Wort geschrieben, das sie sprechen, und jede Bewegung und Handlung ist beschrieben, die sie ausführen werden.

Es ist auch so, als würde ich ein Buch ein zweites Mal lesen. Ich kenne die Geschichte, ich weiß, was die Personen tun werden und was ihnen zustoßen wird. Wenn ich das Buch überhaupt noch einmal lese, so deshalb, um vielleicht bestimmte Feinheiten zu entdecken, die mir beim erstenmal entgangen sind.

Der Anwalt schiebt ihnen einen zweiten und dritten Stuhl zu. Dann zieht er aus der Brusttasche seines Jacketts einen gefalteten Zettel und breitet ihn vor ihm aus. Er sieht ihn an und schweigt dabei, aber seine Gesichtszüge scheinen zu sagen: Nun, habe ich das nicht gut gemacht oder: Das hätten Sie nicht von mir erwartet.

Er beugt sich wieder über das Blatt und sagt: „Es sind die Garcias, die in den fraglichen Jahren in Quito geboren wurden." Dann beginnt er vorzulesen.

Vielleicht liest er jetzt seinen Namen, denkt er. Es ist wie beim Lotteriespiel, wie ein Topf voller Lose. Wenn man wenigstens wüßte, ob ein Gewinn darunter ist.

Der Anwalt nimmt ein Blatt Papier vom Schreibblock und einen spitzen Bleistift. Dann schreibt er hinter die Namen „wahrscheinlich" und „unwahrscheinlich". Der Bleistift verschwindet fast in seiner zu einer Faust zusammengeballten Hand, aber er schreibt schnell und geschickt.

„Jetzt wissen wir die Namen der Kinder und ihrer Eltern und die Geburtstage. Aber es steht keine Adresse dabei, und wir wissen nicht, wie wir sie finden können."

„Wenn wir nicht hingehen können, müssen wir sie herholen."

„Aber wie", fragt er.

Der Anwalt betrachtet Rafael. Er sagt: „Die Präsidentin hat mir von ihm erzählt. Er trägt ein Hörgerät. Er kommt aus den Selvas. Ich möchte eine Suchanzeige aufsetzen." Er rückt den Stuhl näher an den Schreibtisch und nimmt ein neues Blatt Papier. Offenbar hat er den Text vorbereitet und bereits im Kopf.

„Das reicht", sagt er nach einiger Zeit und gibt ihm das Blatt.

Er liest: Unser Kind sucht seine Eltern. Unser Adoptivsohn wurde vor mehr als elf Jahren in einer Straße von Quito aufgefunden. Er war damals ungefähr drei Jahre. Ort und Zeit sind genau bekannt, ebenso die Kleidung, die er trug.

Trotz des italienisch-spanischen Namens, den er nannte, ist er mit Gewißheit ein Eingeborener aus den Selvas.

Er erkrankte an den Ohren und mußte dreimal operiert werden, einmal in Ecuador und zweimal in Deutschland, wo er aufgenommen wurde. Aufgrund seiner Erkrankung ist er hörgeschädigt, kann aber mit Hilfe eines Hörgerätes ausreichend hören.

Er ist intelligent und liebenswert. Er liebt seine Eltern und Geschwister und wird von ihnen geliebt. Jetzt möchte er seine ersten Eltern kennenlernen, ohne die er nicht leben würde. Wir möchten ihm dabei helfen.

Falls seine Mutter oder seine Eltern hiervon erfahren, bitten wir sie, sich voll Vertrauen und ohne jede Scheu an uns zu wenden. (Hier folgte der Name des Rechtsanwaltes und die Büroadresse.)

„Gut", sagt er, nachdem er das Schreiben überflogen hat, „aber warum fehlt der Name?"

Der Anwalt guckt versonnen zum Fenster hinaus. „Wenn wir den Namen drucken ließen, hätten wir morgen alle Garcias der Stadt und des Landes am Hals. Ja, noch mehr, nicht bloß die wirklichen Garcias, sondern auch solche, die sich bloß so nennen würden. Sie würden von der Straße aus durch das Treppenhaus bis vor die Tür Schlange stehen."

„Sie würden ein berühmter Anwalt werden", sagt er. „Ihre Kollegen würden Sie beneiden."

„Außerdem ist es ein Beweismittel", fährt der Anwalt fort. „Wenn eine Mutter kommt, die so heißt, dürfte es seine Mutter sein. Wir würden ein Beweismittel aus der Hand geben, wenn wir den Namen nennen. Rafael Garcia." Er läßt die Silben auf der Zunge zergehen. „Rafael Garcia. Wer den Namen ausspuckt, spuckt Geld aus."

„Was sagt er?", fragt Rafael.

„Er meint, wir seien reich."

„Wir sind nicht reich."

„Für jemand, der ein Kind annimmt, sind wir reich", sagt er. „Wenn ein Kind sich an die Öffentlichkeit wendet, um seine Eltern zu suchen, nimmt man an, daß es in guten Verhältnissen lebt."

„Brauchen Sie ein Foto?" fragt er den Anwalt.

„Wollen Sie, daß er seine Mutter findet oder daß er einen Heiratsantrag bekommt?"

Er fühlt auf einmal, daß er schwitzt. Der Anwalt starrt auf seine Füße.

„Ich bringe es nicht fertig, mir die Schuhe putzen zu lassen. Deshalb trage ich Sandalen", sagt er.

„Aber tun Sie den armen Teufeln doch einen Gefallen. Ich werde die Anzeige in zwei große Zeitungen setzen lassen", fährt der Anwalt fort. „Es wird kostenlos sein, da es sich um einen sozialen Dienst handelt."

„Wann sollen wir wiederkommen?" fragt er.

„In einer Woche."

„Wir werden ins Tiefland fahren, ans Meer und nach Guayaquil und mit der Eisenbahn wieder zurückkommen."

„Ja, tun Sie das, es ist ein schönes Land."

4

Sie sitzen wieder im Bus. Sie sind mir näher gekommen, wieder ein Stück weiter, an einem anderen Tag und unterwegs zu jenem, der heute. ist.

Die Straße zieht zunächst auf der Hochebene nach Süden, biegt dann nach rechts ab und gelangt in ein tief abfallendes Tal. Aus den Schluchten steigt Nebel empor. Die Vegetation wird dichter und dichter. Sie sehen Bäume und Pflanzen, die zu Hause in tropischen Gewächshäusern vorkommen.

Auf einer kahlgerodeten Stelle spielen kleine, halbnackte Kinder auf der Erde vor einer Bretterhütte. Ein paar Hühner laufen zwischen ihnen umher. Auf einem umgelegten Blechkanister sitzt eine schwangere Frau in der Sonne. In ihrer Unbeweglichkeit wirkt sie wie in einer traurigen Körperhaltung erstarrt. Neben ihr ist ein Transistorradio abgestellt.

Ein Schild auf einem krummen Holzpfahl an der Straßenböschung zeigt in Richtung der Hütte und weist darauf hin, daß hier *plantas*, Pflanzen, verkauft werden. Entlang der Hütte stehen eine Reihe mit Erde aufgefüllte ausrangierte Konservendosen, in denen kümmerliche Gewächse stecken. Er fragt sich, wer wohl jemals den Weg hierhin findet, um etwas zu kaufen.

Der Bus stoppt. Ein Mann mit tiefbraunem gegerbtem Gesicht und von der Größe eines vielleicht acht- oder neunjährigen Jungen steigt ein. Durch die Gürtelschlaufen seiner viel zu weiten Hose ist ein borstiges Bastseil hindurchgezogen. Auf den Schultern schleppt er einen prallen Sack, der ihn durch sein Gewicht noch mehr zu Boden drückt.

Er muß an der Straße gestanden und gewunken haben. Ihm kommt es vor, als sei er aus dem undurchdringlich scheinenden Dschungel der Wälder plötzlich aufgetaucht und würde wie ein fremdes Wesen gleich wieder darin verschwinden.

Der Bus überholt zwei hintereinander fahrende Lastwagen, die weit über das zusätzlich aufmontierte Holzlattengerüst hinaus mit grünen Bananen beladen sind. Er stellt sich vor, daß die Bananen nach Europa verschifft werden, und lächelt bei dem Gedanken, daß er sie vielleicht bei einem Obsthändler zu Hause wieder vorfinden könnte.

Er versucht, mit dem Ende eines Streichholzes den Schmutz unter seinen Fingernägeln zu entfernen. Seitdem sie reisen, sind sie ständig schwarz, als würden die Finger Dreck ausschwitzen.

Als er wieder aufsieht, steht der Bus neben mehreren in einem Innenhof geparkten Fahrzeugen. Sie haben die Einfahrt nach Santo Domingo verpaßt. Die Fahrgäste sind bereits ausgestiegen, und als sie selbst draußen stehen, entdecken sie den Chauffeur durch die weit offenstehende Tür eines Restaurants, das unmittelbar an den Hof grenzt, wie er von einem Teller eine unmäßige Menge Reis in sich hineinschaufelt. Er hat die Ellbogen auf den Tisch gelegt und mit vornüber gebeugtem Oberkörper hängt er über dem Teller, den er mit der linken Hand festhält, als müsse er ihn schützen.

Sie übernachten in der Stadt und stehen vor der Morgendämmerung auf. Auf der Station wartet bereits der Bus. An seinem rechten Hinterrad liegt ein Negerjunge und schläft. Er hat wie ein Embryo die Knie fast an das Kinn gezogen und zuckt im Schlaf zusammen, als habe er einen bösen Traum. Ein Wind trägt den Geruch von Urin herbei. Im Restaurant werden die Stühle auf die Tische gestellt und der Boden gewischt. Ein junges Mädchen kippt unter der Tür den Putzeimer nach draußen aus. Das Schmutzwasser fließt den leicht abschüssigen Weg hinab. Ein Rinnsal trägt winzige Staubteilchen und Holzstückchen mit sich, es nähert sich dem Kopf des Schlafenden, aber kurz davor verzweigt es sich in zwei Arme, die seinen Oberkörper umfließen und auf der Höhe der Hüften versickern.

Der Fahrer des Wagens hupt und vereinzelte Fahrgäste, die schweigsam und noch schlaftrunken herumstehen, steigen ein. Eine Frau mit drei Kindern setzt sich auf den Platz vor ihnen. Das Älteste drückt sich in das Eck am Fenster, das Mittlere nimmt die Frau auf den Schoß, während sie das Jüngste zwischen ihrem Rücken und der Sitzlehne einklemmt. Er sieht immer wieder hin aus Angst, es könne dort zerquetscht werden.

Der Bus setzt sich in Bewegung. Er hat weniger das Gefühl, von einem Ort an einen anderen gefahren zu werden, als von einer Zeit in die andere. Solange sie auf die Abfahrt gewartet hatten, war das die Gegenwart gewesen, und als sie dann losfuhren, nahm man sie aus dieser Gegenwart fort in eine andere, die noch abwesend war.

Sie sitzen still in einer Ecke, wo sie niemand bemerkt, und er ist froh, keine Entscheidungen mehr treffen zu müssen. Es ist, als hätte ihm der Busfahrer alles abgenommen. Sie sehen Frauen mit Kindern auf dem Arm am Rande des Urwaldes vor ihren Hütten stehen. Sie schauen dem Bus nach als sei er das Leben, das an ihnen vorüberzieht. Er registriert die vorbeigleitenden Bilder nur beiläufig, mit einer schläfrigen Gleichgültigkeit. Er wird sich selbst überdrüssig und es ärgert ihn, daß er nicht reisen kann, ohne sich selbst mitzunehmen. Die Bekanntschaft mit sich selbst hindert ihn daran, die Fremde wahrzunehmen, und während er die Behausungen mit seinem Blick streift, hört er sich sagen: Das ist also jetzt Südamerika.

Die Sonne steht hoch. Die üppige Vegetation der Wälder ist unmerklich zurückgeblieben. Rafael ist neben ihm eingeschlafen und er selbst muß während der Fahrt eingenickt sein. In der Ferne schlagen hohe Flammen aus einem Schornstein. Die transandinen Erdölpipelines vom Urwald kommend enden hier, es handelt sich um eine Abfackelungsanlage. Das Meer muß nah sein.

Auf einem Holzsteg, der über ein träge dahinfließendes, brackig aussehendes Wasser führt, liegen Fische zum Trocknen. Vielleicht sind sie auch zum Verkauf bestimmt. Im Vorbeifahren spürt er den Geruch von verfaultem Fischfleisch in der Nase.

Der Bus fährt durch ein ausgestorbenes Kaff mit vielen Bambushütten. Am Ausgang des Dorfes sieht ihnen ein zerlumpter Negerjunge nach, der unter einem der schwarzen Löcher lehnt, die als

Eingang der Hütten dienen, und er scheint an diesem toten Ort der einzige Überlebende zu sein. Er weckt Rafael und ruft: „Schau, das Meer." Es schimmert hinter Kokospalmen grün hervor. Auf den nächsten Kilometern verläuft die Straße fast parallel dazu. Als sie in einer Biegung am Strand eine Reihe von Holzhäusern sehen, läßt er anhalten, und sie steigen aus. Sie gehen einen kleinen Weg von der Straße abwärts und befinden sich in einer Ferienkolonie, die einem Amerikaner gehört. Er hat vor einigen Jahren viel Land aufgekauft, hat es aufgeteilt und bietet die Parzellen zum Verkauf an. Sie bezahlen in seinem Büro ein Zimmer für zwei Tage und stellen das Gepäck in ihrer neuen Unterkunft ab. Dann gehen sie ans Meer.

Von weitem sehen sie ein Paar. Es sind eine Lehrerin und ein Lehrer, die sie im Flugzeug kennengelernt haben. Sie erzählen, daß sie bei einem Belgier wohnen würden, der am Strand ein Gästehaus habe und bei dem sie schon im vergangenen Jahr gewesen seien. Eigentlich haben sie auf die Galapagos-Inseln fliegen wollen, aber der Flug habe sich verzögert und so seien sie noch einmal hierhergekommen.

Er sagt, daß es merkwürdig sein müsse, an einen von zu Hause so weit entfernten Ort wieder zurückzukehren. Er würde es sich wie ein Duell vorstellen, zu dem man sich selbst herausgefordert habe, oder es sei wie ein Besuch in der eigenen Vergangenheit. Natürlich begegne man sich auch in der Stadt, in der man wohne, da man ständig durch Straßen gehe, in denen man schon gewesen sei, doch sei es dort nicht so auffallend.

Rafael zieht sich das Hörgerät vom Kopf, ohne das er nicht hören kann. Er faßt es vorsichtig am Bügel und legt es in einen kleinen Beutel. Er stopft sich Stöpsel in die Ohren, damit das Wasser nicht eindringen kann, denn er besitzt keine Trommelfelle mehr. Das ist damals im Waisenhaus passiert und es macht ihn immer noch traurig und bitter, obwohl es lange her ist. Dann zieht er sich eine enganliegende, gelbe Badekappe über den Kopf. Sie macht sein Gesicht breit und kindlich.

Er blättert in einem soziologischen Buch über Südamerika, das die Lehrer an den Strand mitgebracht haben, und liest ein Kapitel über die Landflucht. Als er den Blick hebt, sieht er einen Schwarm von Pelikanen. Der Anführer hebt an, mit den Flügeln zu schlagen und die nachfolgenden setzen die Bewegung fort, so daß schließlich alle im selben Takt dahinfliegen. Dann beginnen sie nacheinander zu segeln. Das Flügelschlagen und das Gleiten wechseln wie Ein- und Ausatmen. So ziehen sie dahin und entfernen sich.

Ein Eisverkäufer, der ein Fahrrad mit einem aufmontierten Kasten vor sich herschiebt, kommt den Stand entlang. Er bleibt stehen und schaut lange auf das Meer hinaus. Rafaels Bademütze sieht wie eine Apfelsinenschale aus, die auf dem Wasser schwimmt.

Er hat plötzlich den starken Wunsch, ein kleines Stück Land zu kaufen. Als sie zurückkommen, gehen sie in das Büro des Amerikaners. Er würde gern für seinen Sohn ein Stück Land kaufen, sagt er, sie würden es später bebauen.

Der Amerikaner nennt einen sehr hohen Preis, den er auch dann nicht bezahlt hätte, wenn er es gekonnt hätte. Er tut, als würde er es sich überlegen. Dann wendet er sich zu Rafael und sagt: „Ich hätte gern etwas Land gekauft, aber es ist zu teuer." Zu dem Amerikaner sagt er: „Wir werden es uns überlegen." An der Tür dreht er sich noch einmal um. „Was kaufen hier für Leute?"

„Angesehene Leute, Ärzte, Rechtsanwälte."

„Dann ist es ja gut", sagt er.

Am Abend sitzen sie auf der Veranda des Restaurants, das zu der Siedlung gehört, und trinken Limonade. Sie stehen auf und setzen sich in den Schatten eines Bootes, das im Sand liegt. Die Nacht ist mild. Mit geschlossenen Augen hört er das Rauschen des Meeres und wenn er sie öffnet, sieht er den weißen Schaum der auslaufenden Wellen. Der warme Wind trocknet den Schweiß auf der Haut.

„Wenn wir wieder zu Hause sind, werden wir daran denken, daß das Meer so nahe gewesen ist, daß wir nur ein paar Schritte machen mußten, um hineinzugehen", sagt Rafael.

Über dem Meer sind die Sterne aufgegangen. Er zeigt auf einen von ihnen, der besonders hell leuchtet und sagt: „Den schenken wir uns. Es gibt dort riesige Ländereien, Täler, Berge, Wüsten, die noch nie jemand betreten hat. Ach was. Was muß man ein Stück Land besitzen, wenn man die Erde betreten kann. Es ist fast so wunderbar, als würden wir jene fernen Ländereien betreten. Nein, es ist noch wunderbarer."

Sie stehen auf und ein Stück weiter geraten sie aus der Helligkeit der erleuchteten Veranda in die Dunkelheit. Dort uriniert er. Trotz der Dämmrigkeit, die am Strand herrscht, bemerkt er, daß die Stelle sich dunkel färbte. Er sieht, wie sich die Köpfe der Leute über der Balustrade der Veranda abheben. Einen Moment lang schaut er zu, wie sie sich bewegen und wie sie miteinander sprechen.

Zu Rafaels Füßen liegt ein Stock, den das Meer angeschwemmt hat. Er bückt sich danach und hält ihn in Richtung auf die Köpfe. Er muß lachen. „Morgen werden wir mit dem Bus nach Guayaquil fahren", sagt er.

5

Jetzt sind sie in einem Hotel in Guayaquil. Aber sie sind nicht bloß dort. Sie sind nicht allein an einem bestimmten Ort zu einer bestimmten Zeit. Ich sehe auf einmal, daß sie noch eine völlig andere Position einnehmen. Sie befinden sich auf der äußersten Position. Sie befinden sich am Kopf ihrer Geschichte. Ich will damit keineswegs sagen, daß sie ihr Kopf sind, daß sie sie lenken und beherrschen, beileibe nicht. Ich weiß, daß wir unsere Geschichte nicht selbst machen. Ich bin nie Herr meines Schicksals gewesen.

Sie bewegen sich am Kopf ihrer Geschichte und egal, ob sie sie schreiben oder bloß lesen, was schon geschrieben steht, sie müssen sie schreiben, oder, falls sie schon geschrieben ist, sie müssen sie lesen.

So ist es immer gewesen und so wird es immer sein solange sie leben. So ist es gewesen, als er den Polizisten Astudille befragte, als sie im Büro des Anwalts standen, als sie am Meer waren. Und so wird es sein, wenn sie den Anwalt wieder treffen, wenn sie in der Kirche in Baños sitzen, wenn sie sich auf den Cotopaxi schleppen werden.

Sie schmieden an einer Kette von Handlungen und Ereignissen und sind zugleich an sie geschmiedet. Sie sind dem unaufhaltsamen Nacheinander ausgeliefert, das sich in der Vergangenheit verliert und in die Zukunft fortsetzt.

Es ist gleichgültig, ob sie aus Quito kommen und nach Guayaquil fahren oder nach Quito zurückkehren, sie gehen in die Zukunft und lassen sich in der Vergangenheit zurück. Sie kommen, wie ich schon sagte, nicht bloß da her und bewegen sich da hin, sie kommen daher und gehen dahin, wie man es auch von der Zeit sagt. Sie kommen da her, wohin die Tage gehen und gehen da hin, woher sie kommen. Wer einfach so dahingeht, hat kein Ziel. Er geht vor sich hin, an sich vorüber und vorbei, er überholt sich und bleibt hinter sich zurück. Ich habe sie dort hinten zurückgelassen, ich bin ihnen bloß vorausgelaufen und erwarte sie hier, bis sie mich eingeholt haben werden.

Sie haben nicht weit von der Avenida 9 de Octubre, der Hauptgeschäftsstraße in Guayaquil, übernachtet. Sie verlassen frühmorgens das Hotel, kommen an einem Restaurant vorbei. Unter den Kolonnaden stehen die Tische und Stühle noch vom Vorabend draußen vor den heruntergelassenen Metalljalousien. Nach wenigen Häuserblocks erreichen sie eine breite Straße, über die ein Transparent gespannt ist mit der Aufschrift: Holyday on Ice.

Ganz in der Nähe liegt ein kleiner Park. Auf den Bänken sitzen Schuhputzerjungen, die miteinander schwatzen. Sie warten auf Kunden, aber es ist noch zu zeitig am Tag. Als er genau hinsieht, entdeckt er unter den Kindern einen älteren Mann, der wie sie einen Kasten bei sich hat, in dem die Bürsten, Lappen und Schuhwichse liegen. Er denkt, daß es wahrscheinlich demütigend für ihn ist, mit den Kindern zu konkurrieren.

Sein Blick fällt auf ein Denkmal, das aus einem mächtigen Steinblock herausgehauen ist und offenbar an eine siegreiche Schlacht erinnern soll. An der Spitze reitet der General, und nur er und sein Pferd treten groß und in imposanter Haltung aus dem Stein hervor. Die Reiter, die nachfolgen, sind noch im Relief zu erkennen, während die Masse der Soldaten dahinter nur noch in den groben Umrissen des amorph auslaufenden Felsblocks vermutet werden kann, so daß der Feldherr über ihnen zu stehen scheint wie der Geist über der Materie.

Wenige Schritte von dem Monument entfernt steht ein einfallsloses Klettergerüst aus zusammengeschmiedeten Eisenstangen. Kinder turnen darauf herum. Die Kindermädchen stehen etwas abseits und unterhalten sich. Beim Weitergehen denkt er, daß es sehr schmerzhaft sein muß, wenn die Kinder fallen und auf den Stangen aufschlagen würden. Er denkt so eindringlich daran, daß er unwillkürlich das Gesicht verzieht.

Die Sonne scheint bereits intensiv. Die schwüle Hitze, die schon der Morgen mit sich bringt, läßt sie die leichte Kleidung als schwer empfinden.

Nachdem sie mehrmals von einer Straßenseite auf die andere gewechselt sind, um dort zu gehen, wo gerade das meiste Leben ist, gelangen sie an einen Fluß. Sie könnten auf einer Brücke hinübergehen, aber dort führt der Weg offenbar aus der Stadt hinaus. Deshalb setzen sie sich auf die niedrige Böschungsmauer und schauen gedankenlos ins Wasser, dessen Strömung so gering ist, daß es den Eindruck vermittelt stillzustehen.

Am Ufer sind mehrere Wohnboote befestigt, die durch schmale Laufstege zu erreichen sind. Er hätte nicht sagen können, wie lange sie so gesessen sind und was er gedacht hat, als er wieder zu sich kommt. Ein Hund streicht an ihnen vorbei. An einem staubbedecktem Busch in der Nähe hebt er ein Bein. Er bemerkt eine Schar von Jugendlichen in schwarzen Schuluniformen. Einige tragen Bücher unter dem Arm und andere lesen. Sie schlagen wieder denselben Weg ein, den sie gekommen sind, ohne ein eigentliches Ziel zu kennen.

Auf einem neugestrichenen, hellgelben Gebäude liest er die Aufschrift: Yachtclub. In diesem Augenblick hält ein Wagen, aus dem eine Frau in Tenniskleidung steigt. Sie geht dicht an ihm vorbei, und es kommt ihm vor, daß sie ein klein wenig den Kopf hebt und in seine Richtung dreht, als sei er ein Spiegel, in dem sie sich sehen kann. Dann verschwindet sie hinter dem Eingang des Clubgebäudes.

Auf den Bänken im Park haben inzwischen Männer mit aufgeschlagenen Zeitungen Platz genommen. Einige halten sie auch zusammengefaltet in den Händen und starren gelangweilt vor sich hin, während die Schuhputzer vor ihnen auf dem Boden hocken. In eilfertigen und gekonnten Bewegungen ziehen sie, den straff gespannten Lappen um die Ferse ihrer Kunden herumgelegt, vor und zurück. Dann polieren sie das Leder der Schuhspitze, bis es so blank ist, daß sich der Himmel darin spiegelt.

Die Straßen haben sich gefüllt. Die Fußgänger drücken sich zwischen den auf dem Gehweg ausgelegten Waren der ambulanten Händler und den Hausfronten aneinander vorbei. Sie gehen geschäftig hin und her. Alle haben etwas zu besorgen und zu tun, was in der Zukunft liegt, und so gesehen haben alle dieselbe Richtung gleichgültig, wohin sie gehen. Ich habe ein Bild vor Augen, das allen Vorstellungen widerspricht und doch seine Berechtigung hat. Die Menschen, egal, ob sie sich entgegenkommen, sich nähern oder sich voneinander entfernen oder in dieselbe Richtung gehen, bilden eine einzige Front, die langsam vorrückt. Es ist dabei unerheblich, ob sie anhalten oder sich bewegen, und es ist auch egal, mit welcher Geschwindigkeit sie sich bewegen. Niemand kann einen Vorsprung vor den anderen gewinnen und in die Zukunft vorausgehen.

Sie ähneln Soldaten, die sich in einer Reihe vorwärts bewegen, wie es früher in Kriegen üblich gewesen ist und wie ich es in Spielfilmen gesehen habe. Sie gehen im Gleichschritt vorwärts, niemand darf aus der Reihe tanzen, also einen Schritt vorausgehen oder zurückbleiben, was zweifellos als Feigheit gegolten hätte. Langsam lichten sich ihre Reihen und die Gefallenen bleiben zurück.

Ich sehe aber sogleich, daß dieses Bild falsch ist. Denn jene Soldaten bewegen sich ja auf etwas zu, auf eine Festung oder eine ähnliche Front von Feinden. Auch bewegen sich alle mit derselben Geschwindigkeit. Die Fußgänger und Autofahrer hingegen bilden eine unsichtbare Front. Niemand, wie gesagt, kann sie verlassen, es sei denn, er stirbt, oder einen Schritt zurückbleiben oder voraustun. Wäre es aber möglich, so würde er die gemeinsame Welt verlassen und vielleicht in einer anderen ankommen. Oder ein Vorausgegangener könnte den Zurückgebliebenen und Nachfolgenden die Zukunft und das Schicksal voraussagen.

Die beiden sind wie alle anderen auf einem Weg von gestern nach morgen. Sie bewegen sich stets auf dem Schnittpunkt von Vergangenheit und Zukunft, zwischen Enthülltem und Verborgenem. Vor ihnen liegt das Land der Zukunft, das sich vor ihnen auftut, ohne daß sie es je betreten werden, als wäre da ein unsichtbares Tor, das vor ihnen zurückweicht und dabei Neuland freigibt. Sie werden aber nie hindurchgehen und dahinterkommen können. Hinter ihnen aber liegt das Land der Vergangenheit, aus dem sie ausgewandert sind.

Die Fußgänger ziehen Schneisen durch den Wald, der die Welt ist, die sich hier treffen. Sie gehen in einer Front, doch wenn sie sich begegnen, kommen sie sich aus der Zukunft entgegen. Jeder ist die Zukunft des anderen. Für einen Augenblick liegen die Wege der anderen offen, aber dann sind sie wieder verborgen. Ich habe Lust, die Leute auf der Straße anzuhalten, damit sie ihre Geschichten erzählen können. Doch bleibt es ein Geheimnis, woher sie kommen und wohin sie gehen. Von allen, die dort auf der Straße sich befinden, weiß ich nur über die beiden Bescheid. Sie sind auf dem Weg zum Cotopaxi oder anders und vielleicht genauer gesagt, sie sind unterwegs zu uns und zu sich selbst. Und dann ist in dieser Front noch jener Schwarze, auf den sie bald treffen werden.

Die Läden sind geöffnet. Sie haben keine Schaufenster und Türen, sondern liegen über die ganze Breite offen zur Straße hin, durch die die Käufer und Schaulustigen ein- und ausströmen.

An einem Pfeiler einer Kolonnade liegt ein Kind, das nur mit einem zerlumpten Kittelchen bekleidet ist in seinem Erbrochenen und weint. Die Mutter steht an den Pfeiler angelehnt und starrt auf den Boden, wo sie kitschige Poster zum Verkauf ausgebreitet hat, auf denen europäisch aussehende Kinder mit unnatürlich weit aufgerissenen Kugelaugen inmitten von Blumen oder Tieren abgebildet sind. Die Passanten machen einen Bogen um die Schmutzlache und das darinliegende Kind herum. Es scheint ihnen nichts weiter zu bedeuten als ein Verkehrshindernis, das ihnen am Fortkommen ein wenig lästig ist.

Sie bleiben an der nahen Straßenecke stehen. Er kann den Blick von dem Kind nicht abwenden, bringt es aber auch nicht fertig, zu ihm hinzugehen und es aufzuheben. Er kommt sich wie ein monströser siamesischer Zwilling vor, in sich gespalten und doch eine Person, deren eine Hälfte mit ansieht, was die andere verurteilt, und die sich gegenseitig behindern.

Sie sind der Avenida 9 de Octubre gefolgt und stoßen auf den Rio de Guavas. Der Fluß ist bedeutend größer als jener, den sie vor einer halben Stunde gesehen haben. Träge und schmutzig wie aus verflüssigtem Lehm schiebt sich das Wasser durch das Bett, das flußabwärts so breit wird, als würde es sich bereits zum Meer hin öffnen. Am anderen Ufer ist er gesäumt von dichtem Buschwerk und ein Stück flußaufwärts führt eine große Brücke zu einem Ort auf der anderen Seite. Es muß Duran sein, von wo jeden Morgen die Eisenbahn in das Hochland abfährt.

Er wird abgelenkt von dem lauten Palaver einiger Männer, die neben ihm stehen. Es sind Kartenspieler, die sich um einen Holzblock gruppieren. Ein dicker Mann teilt die Karten aus, er steht breitbeinig da, als sei er angewachsen. Die Männer treten dem Liebespaar hinter ihnen auf einer Bank fast auf die Füße. Es scheint so entrückt, daß es sich nicht daran stört. Der Mann hält die Frau mit beiden Armen umschlungen und ist so nah an sie herangerückt, daß er fast auf ihrem Schoß sitzt.

„Der Fluß fließt aufwärts", sagt Rafael. Er zeigt auf eine schwimmende Insel aus verfaultem Holz, Schilf, Konservenbüchsen, Küchenabfällen, Bananen- und Paprikaschalen. Mitten darin schwimmen zwei tote Schweine mit aufgequollenen Bäuchen.

„Wie ist das möglich?" fragt er.

„Es muß die Flut sein, sie drückt das Wasser den Strom hinauf."

„Dann kommen die Schweine später wieder zurück?" fragt Rafael.

„Ja, und in ein paar Stunden werden sie wieder hinaufgetrieben genauso wie jetzt. Wahrscheinlich treiben sie tagaus, tagein vor der Stadt auf und ab."

Die Sonne steht schon senkrecht am Himmel und brennt so heiß, daß sie die Leute von der Straße vertrieben hat. Die beiden gehen durch eine menschenleere Stadt. Die Zunge klebt ihnen am Gaumen. Um etwas Schatten abzubekommen, drücken sie sich nahe an den Häusern entlang, und als sie an einem Restaurant vorbeikommen, kaufen sie Colas, die sie noch im Stehen trinken. Eine breitgesichtige, jüngere Frau wischt nachlässig über die Theke, auf der graue Spuren einer verschütteten Flüssigkeit kleben. Er hat die Frau zunächst für eine Indianerin gehalten, bis er am Aushängeschild des Lokals feststellt, daß sie sich in einem Chinarestaurant befinden.

6

„Ich würde gern in die Slumgebiete fahren", sagt er.

„Warum?"

„Weil ich die Stadt kennenlernen möchte. Sie sollen sehr ausgedehnt sein, aber man sieht nichts davon. Sie befinden sich in der Nähe des Hafens."

„Verdammt noch einmal", rufe ich, „mußt du denn unbedingt in die Slums fahren? Was hast du dort zu suchen?" Aber selbst wenn ich eine Donnerstimme hätte, die von den Höhen der Berge bis zum Ozean hallt, er kann sie nicht hören. Wie soll eine Stimme die Zeiten durchdringen? Er ist nun einmal unterwegs zu jenem seltsamen Rendez-vous und auch der Schwarze ist unterwegs dorthin und beide wissen nicht, daß sich ihre Wege kreuzen werden.

„Ich würde gern in die Slumgebiete fahren", sagt er also.

Sie fragen sich nach einem Bus durch, der in diese Richtung fährt. Der Verkehr wird immer dichter und sie springen, als der Wagen seine Geschwindigkeit verlangsamt, ab und stellen sich an eine Haltestelle, an der sich eine Schlange gebildet hat. Sie lassen drei Busse vorüberfahren, sie sind ungewöhnlich niedrig. Schließlich steigen sie ein und werden durch die nachkommenden Fahrgäste bis über die Mitte nach hinten gedrängt, wo sie zwischen den Leuten stehenbleiben.

An der einzigen Tür, die vorn beim Chauffeur zugleich als Ein- und Ausstieg dient, hängen Menschen. Es ist spät am Nachmittag, die Sonne steht über der Gegend, in die die Busse fahren, und er nimmt an, daß dort die Slums sein müssen.

Plötzlich verliert er das Bewußtsein. Aber es ist keine Ohnmacht, man könnte ebensogut sagen, daß er plötzlich zum Bewußtsein gelangt. Es ist ein Bewußtsein, dem jeder Gegenstand abhanden gekommen ist. Er weiß nicht mehr, wo und wer er ist. Seine Biographie ist in Vergessenheit geraten. Der Zustand dauert aber nur einen kurzen Augenblick, so daß die Panik, die ihn ergriffen hat, sich nicht über den ganzen Körper ausbreiten kann. Er kehrt in die Welt zurück und in dem Maß, wie ihm alles wieder vertraut wird, verliert er das Gefühl für seine Existenz. Er befindet sich in einem Bus in Guayaquil, der auf dem Weg in die Slums ist.

Mit einer Hand hält er sich an der Stange unterhalb des Daches fest. Er ist gerade mittelgroß, muß aber den Kopf senken, um nicht an der Wagendecke anzustoßen. Hin und wieder beugt er sich hinunter, um einen Blick durch das Fenster zu erhaschen. Er nimmt an, den Eindruck zu erwecken, als würde er in dieser Gegend wohnen, aber sich noch nicht so gut auskennen, so daß er Ausschau halten muß. Der Bus hat die festen Straßen verlassen. Dann sieht er auf die Händepaare, die die Stange umklammert haben. Ihm fällt auf, daß er der einzige ist, der eine Armbanduhr trägt. Er will sie abnehmen, läßt es aber sein, weil er denkt, die anderen könnten dadurch erst darauf aufmerksam werden. Zwei Plätze werden frei, und er setzt sich in die Ecke ans Fenster. Ein dicker Schwarzer, den er vorher nicht bemerkt hat, setzt sich neben ihn, noch ehe Rafael Platz nehmen kann, und beginnt, heftig auf ihn einzusprechen. Er zieht hinter dem Rücken ein langes Messer hervor und hält die Spitze auf sein Herz. Es kommt ihm so lächerlich vor, daß er am liebsten laut losgelacht hätte. Er merkt erst jetzt, daß der andere seine Uhr will, und ruft laut: „No, no", um die anderen auf den Überfall aufmerksam zu machen. Der Schwarze hat inzwischen blitzschnell sein Handgelenk umfaßt, die Klinge zwischen Puls und Stahlband gesteckt und es mit einem heftigen Ruck durchschnitten. Er merkt zu seiner Verblüffung, wie sich das Armband vom Handgelenk löst. Der Räuber ergreift die Uhr und springt auf. Jetzt hält er das Messer vor den Bauch, die Leute bilden eine Gasse und dort hindurch sieht er ihn mit der Uhr wegrennen. Einen Augenblick erblickt er ihn noch einmal durch das Fenster, bis er zwischen den Baracken verschwindet. Er trägt ein rotes Trikothemd, das sich über seinem Gesäß spannt.

Die Leute tuscheln und zeigen auf ihn. Sie scheinen ihn zu bedauern, aber sie beruhigen sich schnell. Auch Rafael begreift jetzt, was geschehen ist, und sieht ihn mit großen, erschreckten Augen an. An der Endhaltestelle steigen alle aus, und auch der Fahrer verläßt den Bus, ohne sich nach ihm umzuschauen. Noch wie benommen bleibt er sitzen und bemerkt erst jetzt, daß er am Handgelenk stark blutet. Rafael nimmt sein Taschentuch und preßt es auf die Wunde. Ein paar Kinder schauen zur Tür herein und lachen sie aus, weil sie noch immer im Bus sitzen.

Sie fahren in die Stadt zurück und steigen in der Nähe des Zentrums aus. Das Taschentuch hat sich inzwischen rot gefärbt. Von weitem sehen sie das über die Straße gehängte Transparent von Holyday on Ice. In dem Restaurant, in dem sie die Colas getrunken haben, nimmt er das Taschentuch von der Wunde, die langsam zu bluten aufhört, und betrachtet sie mit einem gewissen Stolz, als sei sie eine Auszeichnung.

„Dieser verdammte Neger", sagt er. „Aber es ist nicht weiter schlimm."

Rafael sieht ihn an.

„Man kann ruhig Neger sagen."

„Den Armen bleibt doch nichts anderes übrig als zu verhungern oder zu rauben", meint Rafael.

„Wer hat dir diesen Unsinn erzählt?"

„Du."

„Das ist doch kein Armer", sagt er. „Hast du seinen Hintern gesehen. Ein Armer hat nicht so einen Hintern. Und außerdem ist es lächerlich, uns zu überfallen. Als ob es in diesem Land nicht genug Leute gäbe, die man überfallen könnte."

7

Er wacht mit vollkommen leerem Kopf auf. Einen Moment lang liegt er da, außerstande sich zu orientieren und sich darauf zu besinnen, ob er geschlafen oder geträumt hat oder was sonst geschehen ist. Er versucht, die Dimensionen des Zimmers zu erfassen und die Richtung zu bestimmen, in der das Bett steht, um sich gleichsam seiner eigenen Lage von außen zu nähern.

Dann kommt ihm langsam die Erinnerung an den Vortag, ohne daß er darüber staunen muß. Ihm fällt ein, daß er dem Portier Geld gegeben hat, damit er sie wecken soll. Er knipst das Licht an und blickt auf das Handgelenk, an dem die Uhr fehlt, und muß lächeln. Dort, wo die Armbanduhr saß, ist eine runde weiße Stelle auf der mittlerweile leicht gebräunten Haut. Die Wunde am Puls ist rötlich entzündet und aufgeschwollen, aber sie schmerzt kaum noch. Dann steht er plötzlich auf, ohne daß es einen bestimmten Entschluß gekostet hätte, und weckt Rafael.

Der Portier schläft in einer Hängematte hinter dem Tresen. Sie wecken ihn mit Mühe. Er kriecht verschlafen unter seiner Decke hervor, die er sich um die Beine gewickelt hat, und geht fort. Sie denken, er werde die Schlüssel für die Tür holen. Er kommt aber nicht wieder und sie suchen ihn. In einer dunklen Kammer entdecken sie einen Mann, der auf einem Feldbett schläft.

„Es ist derselbe Mann, den wir eben geweckt haben", sagt Rafael.

„Das ist doch nicht möglich. Es muß ein anderer sein."

„Wetten?"

Rafael zieht ihn an den Beinen. Er steht auf. Es ist tatsächlich der Mann von eben. Er zieht den Schlüssel aus der Hosentasche, schlurft zur Tür, schließt sie wortlos auf und geht ins Haus zurück.

Die Luft hat sich durch die Abkühlung der Nacht etwas erfrischt, er atmet ein paar Mal tief ein und aus und denkt an den Schwarzen, der sich irgendwo in der Stadt aufhält. Ein Taxi kommt vorbei. Er hebt die Hand, aber es fährt weiter. Eine leichte Brise kommt ihnen entgegen, als sie den Fluß erreichen, der gleichmäßig und sanft rauscht. In der Dämmerung, die sich darüber ausbreitet, kann man das jenseitige Ufer noch nicht sehen.

Bei der Anlegestelle brennt eine Lampe, die ein wenig, kaum merklich hin- und herschaukelt. Er verfolgt den fahlen Lichtkegel, der beständig seinen äußeren Rand, den er auf den Boden zeichnet, verändert.

Ein Mann sitzt an einem Tisch im Freien und verkauft die Billets für die Fähre und die Eisenbahn. Vor ihnen hat sich eine kleine Schlange mit Wartenden gebildet. Sie stellen sich ans Ende. Als sie an die Reihe kommen, ertönt gerade die Sirene der Fähre und sie steigen schnell ein. Sie setzen sich an den Rand und lassen die Hände im Wasser gleiten. Kleine Wellen schlagen gegen das Boot. Sie brechen sich beim Herankommen an der Wand und feine Gischttropfen spritzen den Arm hinauf bis zu Schulter und Hals.

Die Nacht verschwindet endgültig. Die diesige Luft wird zu lichtem Grau und scheint so verdichtet, daß man in Versuchung kommen kann, sie anzufassen.

Die Wagen der alten Eisenbahn sind noch zugeschlossen. Sie gehen um einen Schuppen herum und treten in die Kantine des kleinen Bahnhofrestaurants und fragen nach einem Kaffee. Die Frau hinter der Theke erhitzt etwas Wasser in einem Topf mit einem Tauchsieder und übergießt dann den Pulverkaffee, der mit einer feinblasigen Schaumkrone in dem Pappbecher hochsteigt, den sie ihm reicht. Er nimmt einen Schluck, der ihm heiß durch die Kehle rinnt, und spürt ihn noch schmerzhaft die Speiseröhre hinunterfließen, bis er endlich im Magen ankommt.

Er kauft sich eine Zeitung und liest von einem Überfall. Eine Augenblick lang glaubt er, es werde von ihm und dem Schwarzen berichtet, aber er weiß sofort, daß der Vorfall zu unerheblich ist, um darüber zu schreiben. Er liest, daß am Vortag zwei Männer einen Bus überfallen haben. Der eine postierte sich an der Tür, während der andere mit gezogener Pistole durch den Wagen ging und die Leute ausraubte. Er stieß auf jemanden, der sich weigerte und wehrte. Daraufhin schoß er sich den Weg frei. Ein Passagier wurde getötet und mehrere verletzt. Nach den Männern wird gesucht.

Er blättert weiter und findet zu seiner Überraschung das Schreiben abgedruckt, das der Anwalt aufgesetzt hat. Er liest es Rafael vor und sagt zu ihm: „Es ist genauso wie der Anwalt es geschrieben hat, das hat er wirklich gut gemacht."

„Glaubst du, es wird sich jemand melden?" fragt Rafael.

„Ich denke schon."

Die Türen der Eisenbahn sind geöffnet worden. Sie steigen ein. Der Schaffner zeigt ihnen einen kleinen Raum, in dem sie das Gepäck abstellen sollen. Er wählt einen Sitzplatz in der Nähe aus, um es im Auge zu behalten. Der Zug setzt sich in Bewegung. Er bekommt eine furchtbare Wut und stellt sich vor, daß der Schwarze ihn noch einmal überfallen wird. Aber diesmal ist er in Karate ausgebildet und macht ihn mit ein paar Schlägen kampfunfähig. Er stellt es sich so lebhaft vor, wie er diese Schläge ausführt, daß es ihm scheint, er würde sich damit tatsächlich Luft machen. In einer anderen Vorstellung ist es Rafael, der dem Schwarzen in dem Augenblick, als er ihm das Messer auf die Herzgegend setzt, die Pistole an die Schläfe hält, während er lauthals schreit: „Du Feigling, du verdammter Feigling."

Eine Indianerin guckt ihm ins Gesicht, und er überlegt, ob er tatsächlich geschrien hat. Die Frau schaut sich nach einem Sitzplatz um. Als sie sich nach ihrem Mann umdreht, rutscht dem Kind auf ihrem Rücken die dicke Wollmütze übers Gesicht. Unter dem Tragetuch, in dem sich sein kleiner Hintern abzeichnet, hängen die nackten Füßchen heraus. Der Vater müht sich mit einem riesigen und unhandlichen Bündel ab, mit dem er sich durch den Eingang zwängt. Man kann denken, er habe den ganzen Besitz der Familie hineingetan. Er kommt selber kaum durch die Tür, da sich unmittelbar daneben der Abstellraum für das Gepäck befindet, der schon sehr voll geworden ist. Der Mann versucht, das Bündel auf den abgestellten Sachen noch obenauf zu platzieren, da ihn der Schaffner im Hintergrund dazu auffordert. Die Frau verfolgt mit besorgten Blicken, wie er es verstaut.

Auf der Bank ihnen gegenüber bewegt eine junge Frau Fingerringe über den Metalldrahtbügel, auf dem sie hängen. Ein Mann, etwa zwanzig, redet ihr zum Kauf zu. Sie nickt und hält den einen oder anderen Ring gegen das Fenster und schaut die darin eingelassenen roten und grünen Glassteinchen an. Sie wirkt dabei beinahe andächtig.

Plötzlich fällt ihm wieder das Gepäck ein, an das er gar nicht mehr gedacht hat. Nun muß er immer wieder zum Abstellraum hinschauen, ob noch alles in Ordnung sei. Er ist innerlich unruhig, wenn er nicht hinsieht, und bekommt ein schlechtes Gewissen, als ob er etwas vernachlässigt. Die Rucksäcke kommen ihm wie Teile seines Körpers vor, die von ihm getrennt sind und die er mit den Augen zusammenhalten muß. Das nimmt ihn so in Anspruch, daß er sogar die Landschaft draußen vergißt. Schließlich schämt er sich wegen seiner Ängste und er klettert mit Rafael auf das Dach des langsam fahrenden Zuges, wo ihm sofort wohler wird.

Sie essen von den kleinen, süßen Bananen, die auf der Plattform gelagert sind und von denen ihnen der Indio, der sie ins Hochland bringt, mit einer freundlichen Geste anbietet. Ihr Blick verliert sich in der Weite des satten Grüns ausgedehnter Obstplantagen. Die Blätter nahe zusammenstehender Bananenstauden greifen dicht ineinander und bilden einen schier undurchdringlichen Dschungel, wie eine einzige mächtige, ineinander verschlungene Riesenpflanze. Die noch unreifen daran hängenden Früchte sind mit Plastiknetzen überzogen. Die Sonne scheint und der Tag ist hell. In der Ferne steigen Nebelschwaden aus dem Grün empor, die sich wie dünner Rauch dem Himmel zu auflösen. Der Zug bewegt sich gemächlich durch die Landschaft. Er stößt hin und wieder langgezogene Pfiffe aus.

Die Erde ist reich. Das Leben ist leicht und liebenswert. Sie sitzen auf dem Zug. Er denkt, daß gute Bilder heilen können. Er spürt den lauen Wind im Gesicht und meint, daß es so wie es ist, gut ist, zumindest jetzt.

Sie können weit den Weg zurückverfolgen, den die Eisenbahn bereits heraufgekommen ist. Die Gleise bohren sich in einer tiefen Senke durch die ansteigenden Berghänge. In der anderen Richtung liegen die unüberwindlich scheinenden Höhen des Andenmassivs. Es wird bis weit in den späten Nachmittag hinein dauern, ehe sie das Hochland erreichen.

So ist es für sie. Ich aber fühle mich hier oben auf dem Berg wie ein Naturforscher auf seinem Beobachtungsposten. Allerdings geht mein Blick nicht zum Himmel hinauf. Er haftet an der Erdoberfläche mit ihren Ebenen und Erhebungen, auf Städten und Dörfern und dem angrenzenden Meer. Zugleich geht er in die Vergangenheit zurück, aus der sie geradewegs auf mich zukommen. Ich beobachte nicht die Bewegungen der Sterne, ihre Umlaufbahnen, die bestimmten Gesetzen folgen. Ich versuche, die Gesetze zu ergründen, nach denen sie sich bewegen, die Bahn zu beschreiben, auf die sie gesetzt sind und der sie folgen, ob sie es wissen oder nicht.

Sie bewegen sich durch dieses wunderbare, fremde Land, in dem, auf einer Fläche nicht größer als der Deutschlands, alle Gegenden der Erde versammelt sind: das Meer, die Urwälder, die Hochebene und darüber die Vulkane mit Eis und Schnee. Sie fahren in diesem Land hin und her. Sie gelangen an Orte, die sie zuvor nie gesehen haben, und kehren dorthin zurück, von wo sie aufgebrochen sind. Sie ziehen ihre Wege durch das Land, während die Zeit verstreicht und die Tage und Nächte kommen und gehen und Licht und Schatten auf die Erde werfen. Aber ich sehe es zugleich anders. Sie sind noch auf einem anderen Weg. Sie bewegen sich durch die Tage und Nächte selbst. Sie durchmessen nicht bloß die Weite des Landes, sondern auch die ihres Lebens und halten Anfang und Ende auseinander und zusammen. Und während sie im Land umherziehen, entfernen sie sich unmerklich von dem einen und nähern sich dem anderen. Ich sehe, daß alle Wege und Aufenthalte sich zu diesem einen Weg des unumkehrbaren, unaufhaltsamen Nacheinander zusammenschließen, und er scheint mir jetzt der wahre Weg, der Hauptweg, die Königsstraße des Lebens zu sein.

Auf diesen Weg haben sie sich nicht begeben, sie sind nicht aufgebrochen, haben sich nicht aufgemacht, sie haben sich darauf vorgefunden, als sie sich bereits ein Stück weit vom Anfang entfernt hatten.

In der Wahl ihres Weges wohin sie sich immer wenden, mögen sie mehr oder weniger frei sein. Sie müßten vielleicht nicht dort, sondern könnten anderswo sein. Sie hätten zum Beispiel in Deutschland bleiben können. Das ändert aber nichts daran, daß sich ihr Weg begibt. So werden wir auch am Ende unseres Lebens nicht sagen, daß wir uns hierher begeben haben, wir werden sagen, daß sich der Weg begeben hat. Man kann fast sagen, daß er an uns vollzogen und vollstreckt wird. Nur manchmal, wenn wir denken, wie doch die Zeit vergeht und damit das Leben meinen, dämmert es uns. Es wird immer wieder durch unsere Tätigkeiten verdeckt, indem wir zu diesem und jenem Ort aufbrechen und dies und das tun.

Sie sind, ohne daß sie es ahnen und wissen, aus dem Kreis der Dinge, die sie umgeben, ausgebrochen. Fast ohne ihr Zutun, wie von einer Zauberhand bewegt, werden sie durch die Weite des Lebens geführt. Sie schreiben ihre Geschichte fort und weiter in die Zukunft. Sie sind auf einem Weg, der unaufhaltsam und unumkehrbar ist.

Die Landschaft reduziert sich auf wenige Dinge, je höher sie kommen. Die Vegetation ist zurückgeblieben. Um so gewaltiger schieben sich die nun fast kahlen Berge im klaren Licht hervor. Die Weite des zurückliegenden Tieflands und seine Farben haben sich verloren, dafür scheint der Himmel größer geworden zu sein und sein Blau strahlender. Lieblichkeit und Reichtum der tropischen Fülle haben sich aufgelöst in Strenge und Kargheit, die auch die Menschen, die hier leben, von anderen deutlich unterscheidet.

Sie sehen bronzehäutige Indios. Sie sind von kleiner Statur. Die steifen Hüte tief ins Gesicht gezogen und eingehüllt in Ponchos wirken sie nach außen abgeschlossen, als schirmten sie sich gegen jeden Einfluß ab, um allein bei sich zu sein. Sie erwecken den Eindruck, ganz auf sich angewiesen zu leben, jeder nur für sich, als wären sie nicht einmal der Sprache mächtig oder würden sich jeder Mitteilsamkeit verweigern.

Chimborazo – Foto: *Direccion National de Tourismo*

Am späten Nachmittag erreicht der Zug die Höhe, wo die Luft so blau ist, daß auch die Berge fast durchsichtig werden. Nur ihre schneebedeckten Gipfel sind noch zu sehen. Sie schweben über dem Land wie mächtige Pilze. Er erkennt den Chimborazo.

„Es ist der höchste Punkt des Landes", sagt er. „Außerdem ist es der höchste Vulkan der Erde. "

„Wollen wir nicht hinaufsteigen?" fragt Rafael.

„Ich weiß nicht, wenn wir schon besser an die Höhe angepaßt wären und nicht gerade aus dem Tiefland kämen. Später vielleicht. Wir steigen lieber auf den Tungurahua, der nicht weit von hier auf der anderen Seite des Hochlands auf dem Abhang zu den Amazonaswäldern steht, und dann auf den Cotopaxi. Er ist der höchste noch tätige Vulkan auf der Erde."

Sie schweigen wieder. Die tiefe Stille ist so eigenartig, daß man darauf hören muß. Allein der sich bewegende Zug vermittelt das Gefühl, daß hier noch Menschen leben. Die Landschaft in ihrer Ruhe ist so mächtig, in sich geschlossen und erhaben, als herrsche hier nur ihr eigenes Gesetz vor. An einer kleinen, verlassen daliegenden Bahnstation hocken drei Männer an der Zugrampe. Sie haben die Knie angezogen und gegen die Kälte haben sie sich Säcke um die Schultern gelegt.

Er hört, wie der Wind pfeift. Er streicht an den Flanken der Berge vorbei, wo er gebrochen wird, dann streicht er über die Weite zwischen den einzelnen Gebirgszügen und einen Moment lang ähnelt er einer von weither erklingenden menschlichen Stimme. Er reißt die Augen auf, so weit er kann. Das, was er sieht, ist groß und weit, er meint, es könne gar nicht hineinpassen.

8

Ich bin noch einmal aus der Hütte hinausgegangen, um sie draußen zu erwarten. Unsere Geschichte nähert sich allmählich ihrem Ende und ich betrachte sie vom Ende her und auf einmal wird alles anders, als ich es mir dachte und vorstellte. Sie durchstreifen nicht mehr das Land, die Berge und Hochebenen, Städte und Dörfer, sie fahren nicht mehr hin und her, vor und zurück, während die Tage und Nächte vorübergehen. Sie sind, das sehe ich jetzt deutlich, unterwegs zu Landschaften, die hinter der Nacht liegen und hinter Tagen und Nächten und die noch niemand betreten hat. Sie sind noch unerreichbar, aber sie werden sie entdecken. Man glaubt, man könne nur etwas entdecken, was schon da ist. Aber es ist nicht so. Es ist noch nicht da und es ist erst da, indem man es entdeckt.

Sie bewegen sich geradewegs auf mich zu. Aber eigentlich müßte man sagen: sie werden bewegt. Sie brauchen, um an das Ende unserer Geschichte zu gelangen, nicht so und so viele Tage und Nächte als läge es in einiger Entfernung. Sie müssen Tage und Nächte durchwandern bis das Ende erscheint. Ihre Abenteuer- und Entdeckungsreise ist nur Teil einer anderen, die sie, ohne daß sie anhalten und umkehren können, an das Ende des Tages führt und durch die Nacht zu einem anderen Tag und durch die Tage und Nächte bis zu dem Tag, der heute ist und zu dem Schneehang, den er beleuchtet, und schließlich zu unserem letzten Tag und zu den letzten Dingen, die wir sehen werden.

Das Büro der Shuar befindet sich in einem Neubau und besteht aus einem Raum. Als sie eintreten, steht ein junger Mann vor ihnen, der Rafaels älterer Bruder sein könnte. Er sieht Rafael an, dann ihn und dann wieder Rafael.

„Wir kommen aus Deutschland", sagt er, „er ist mein Sohn. Was glauben Sie, woher er kommt?"

„Spricht er spanisch?"

„Nein."

„Machen Sie keine Rätselstunde", sagt der Mann und lacht.

„Bitte, Sie können uns vielleicht helfen. Was glauben Sie, woher er stammt?"

„Ich hätte gesagt, daß er von uns ist."

„Wieso meinen Sie das?"

„Er sieht wie ein Shuar aus. Aber wenn er Ihr Sohn ist."

„Er ist ein Adoptivkind."

„Und woher kommt er?"

„Aus Ecuador."

„Dann ist er doch ein Shuar. Aber was kann ich für Sie tun?"

„Rafael ist vor ein paar Jahren auf der Maldonado gefunden worden. Wahrscheinlich wurde er ausgesetzt. Wir haben nach seinen

Eltern gesucht. Wir waren im Waisenhaus, in dem er gelebt hat, auf dem Roten Kreuz, wo er abgeliefert wurde, und wir haben sogar den Polizisten gefunden, der ihn auf der Maldonado aufgefunden hat. Wir haben einiges erfahren, vor allem seinen Namen. Dann haben wir einen Anwalt aufgesucht. Er hat sich große Mühe gegeben und anhand des zentralen Geburtenregisters alle namensgleichen und namensähnlichen Personen erfaßt, die ungefähr in seinem Alter sind. Schließlich hat er eine Suchanzeige aufgesetzt, die in zwei großen Tageszeitungen erschienen ist. Wir sind weit, aber nicht ans Ziel gekommen."

„Wie heißt Ihr Sohn denn?"

„Rafael Garcia. Es ist kein einheimischer Name."

„Vielleicht hat man ihn im Waisenhaus so genannt."

„Nein, er hat, als er aufgefunden wurde, selbst gesagt, daß er so heißt."

„Vielleicht hat er den Namen bloß aufgeschnappt. Aber was kann ich für Sie tun?"

„Vielleicht haben Sie von einem Kind aus Ihrem Volk gehört, das verlorengegangen ist."

Der Indio schüttelt den Kopf. Er übersetzt das Gespräch und Rafael sagt: „Vielleicht kann er ja bestätigen, daß ich von hier bin."

„Vielleicht können Sie Rafael eine Urkunde ausstellen, daß er einer von Ihnen ist. Das würde ihn sehr freuen. Ich lasse einige Unterlagen hier. Wir werden sie abholen, wenn wir zurück sind."

„Das läßt sich machen. Aber was haben Sie vor?"

„Wir haben schon einiges gesehen. Wir waren in Otavalo und auf einer Insel, auf der Indianer wohnten. Wir sind mit dem Bus ins Tiefland gefahren und haben das Meer gesehen und Guayaquil besucht. Schließlich sind wir mit der Eisenbahn wieder ins Hochland gefahren. Jetzt werden wir auf die Berge steigen."

„Auf die Berge? Sie beide?"

„Ja", sagt er, „auf den Iliniza, den Tungurahua und den Cotopaxi. Wir werden es wenigstens versuchen."

„Wenn Sie oben sind, müssen Sie nach Osten blicken. Dann sehen Sie in das Land der Shuar."

„Das werden wir tun. Und wenn wir zurück sind, erzählen wir Ihnen, was wir gesehen haben. Vielleicht kann Rafael die Urkunde erhalten."

„Ich werde es machen", sagt er.

„Kann ich Ihnen etwas Geld für Ihre Bemühungen geben?" Er verneint.

„Wollen Sie wirklich kein Geld", fragt er noch einmal.

„Ich nehme kein Geld. Ich werde für meine Arbeit bezahlt."

„Aber nicht gut."

„Nicht gut", sagt er.

„Wie Sie wollen." Er drückt ihm herzlich die Hand und umarmt ihn flüchtig, und Rafael tut es genauso. Dann drehen sie sich um und gehen. Sie haben sich aber kaum einige Meter auf der Straße entfernt, als er hinter ihnen hergelaufen kommt und nach ihnen ruft. Sie drehen sich um und sehen ihn fragend an.

„Ich möchte einen Dollar, einen einzigen Dollar", sagt er.

„Aber Sie können doch mehr bekommen, ich habe es Ihnen doch angeboten."

„Nein, nur einen Dollar."

„Aber warum einen Dollar? Damit können Sie doch nichts anfangen."

Er sieht ihn verlegen an und sagt: „Ich möchte wissen, wie es ist, einen Dollar in der Tasche zu haben."

9

Sie stehen vierzig Kilometer südlich von Quito auf der Panamericana. Er sieht die Landstraße entlang. Von dort hinten sind sie gerade mit dem Bus gekommen. Auf einmal hat er das Gefühl, daß er sich von der Geborgenheit seiner Kindheit Lichtjahre entfernt hat, und wenn man ihn gefragt hätte, wie lange er schon unterwegs sei, um hier anzukommen, so hätte er geantwortet: genau so lange wie mein Leben. Er sieht sich um. Er sieht ein Haus, das auf einem Rasen steht, der offensichtlich hin und wieder bewässert worden ist, denn sein satteres Grün hebt sich stark von dem fahlgrünen, verwilderten Gras ab, das sich den Hügel hinabzieht. Ein in der Nähe des Hauses breiter, dann sich verengender Trampelpfad führt durch sonnenhelle Lehmfelder, auf denen einzelne Sträucher wachsen, zu einem freien Feld, auf dem grell weißleuchtende Steinblöcke und vereinzelte Kreuze liegen. Die Erde dort ist wieder von tieferem Braun. Die Gräber sind nur aufgeschüttete Erdhügel, die sich kaum vom Boden abheben, darunter liegen die Toten. In unmittelbarer Nähe beginnen die Häuser und Hütten eines Dorfes, das offene Gelände trennt die Behausungen nicht voneinander ab, der Friedhof liegt zwischen ihnen, so, als habe man die Toten absichtlich dort gelassen, wo sie vorher gelebt haben.

Zwischen den Behausungen sind Leinen gespannt, auf denen Wäsche hängt. Ein Stück weiter sind einzelne Teile auf dem Gras ausgebreitet. Er schaut einer Frau zu, die bei ihrer Hütte Wäschestücke auf die weit ausladenden Arme einer Agave legt. Ihre Bewegungen sind selbstvergessen. Sie ist nur konzentriert auf ihre Arbeit, die sie behutsam ausführt.

Die Luft ist klar und durchsichtig wie eine geputzte Fensterscheibe. Er blickt zu den unbewohnten Hügeln und Bergen hinauf. Ihre Flächen glänzen in der Sonne grün und nach oben hin gelb und braun wie ausgetrocknet. Darüber steht der Cotopaxi. Er deckt die ganze östliche Hälfte des Himmels zu. Gewöhnlich ist der Berg nur zur Hälfte mit Schnee bedeckt, aber in der Nacht hat es bis an seinen Fuß hinab geschneit. Im Gegenlicht scheint der Berg weniger ein Kegel als ein mächtiges, gleichschenkliges Dreieck zu sein. Er erhebt sich aus der Ebene in einem Winkel von etwa 40 Grad über 3000 Meter hoch. Es scheint ganz unmöglich zu sein, an einem Tag hinaufzukommen.

Als er sich umdreht, sieht er die Zwillingsberge des Illiniza, die nur durch einen Sattel voneinander getrennt sind. Der südliche ist steiler, schroffer und höher als der nördliche, der in seinem Wetterschatten liegt. Auch sie sind mit Schnee bedeckt.

Aber plötzlich vollziehe ich wieder einen radikalen Richtungswechsel, mit dem eine Änderung der Blickrichtung einhergeht. Sie bewegen sich, ich sagte es schon, nicht allein durch die Weite des Raumes, sondern zugleich durch die Weite des Lebens, die sich zwischen Anfang und Ende auftut und jeder Aufenthalt und jede Bewegung dort ist ein Weiterrücken hier. Auf einmal sind sie wieder aus dem Kreis aus Bergen, Wiesen, Tälern, Bächen, Häusern und Straßen ausgebrochen, der sie umgibt. Die Dinge liegen nicht mehr da und dort ausgebreitet im Raum, sie liegen an ihrem Weg. Sie kommen aus der Ferne der Vergangenheit und gehen in die andere der Zukunft. Ein Weg von hier nach dort, wenn sie ihn von einer Straßenseite zur anderen gehen, ist nur ein winziges Stück auf diesem Weg. Sie können sich drehen und wenden wie sie wollen, egal, welche Richtung sie einschlagen werden, sie können ihm nicht entgehen.

Sie kommen von einem Kinderheim her, über dem der Himmel eines vergangenen Tages steht, von einer Wiese, die im Sonnenlicht liegt, von einer Insel, über die sich die Nacht senkt, von einem Strand, der vom Meer bewegt wird, weit, weit da hinten. Und sie sind unterwegs zu einer kleinen Stadt, in der das neue Jahr anbricht, zu einer Berghütte, die hinter Tagen und Nächten liegt, noch weit da vorn. Sie sind unterwegs zu vielem Unvorhergesehenen und Verborgenen, das sie erst offenlegen, indem sie unterwegs sind.

Sie halten ein Taxi an. Der Fahrer blickt auf ihre Rucksäcke mit den Bergstöcken und Eispickeln und schüttelt den Kopf. „Woher kommen Sie?" fragte er.

„Vom Illiniza."

„Mit dem Kind?"

Er nickt.

„Waren Sie oben?"

„Ja."

Er öffnet den Kofferraum und lädt ihr Gepäck ein.

„Aus welchem Land kommen Sie?" fragt er im Weiterfahren.

„Aus Deutschland."

„Und das Kind?"

„Auch."

„Aber es stammt nicht aus Deutschland?"

„Nein."

Sie sind einige Kilometer nach Süden gefahren, als an der Landstraße dicht nebeneinander Dutzende von Kindern knien. Auch Erwachsene sind darunter. Sie haben die Handflächen aneinander, die Daumen überkreuz gelegt und den Blick starr geradeaus gerichtet. Sie sehen über die Straße hinweg auf grüne, fruchtbare Weiden, auf denen Kühe grasen. Sie versuchen, ein Auto zum Anhalten zu bewegen, um etwas zu erbetteln, aber es ist fast so hoffnungslos wie der Versuch, ein Flugzeug vom Himmel zu winken.

„Wegen Weihnachten?" fragt er.

„Ja."

„Kommt der Herrgott vorüber?"

Der Fahrer lacht.

„Vielleicht sein Stellvertreter auf Erden", sagt er. „Gott hat es nicht gut eingerichtet. Sonst hätte er nicht die Kühe zu Wiederkäuern gemacht, sondern die Indios. Sie könnten noch einmal die letzte Mahlzeit genießen."

Der Taxifahrer lacht wieder.

„Machen Sie das Fenster zu", sagt er zum Fahrer, „es zieht. Warum knien die Kinder hier?"

Der Fahrer sagt: „Einige verrückte Gringos haben ihnen Dollars hingeworfen. Die Kunde von diesem Ereignis hat sich bis tief in das Hinterland verbreitet und sie hergelockt."

„Was sagt er?" will Rafael wissen.

„Er redet Unsinn. Der Hunger hat sie hergelockt", sagt er. „Man gibt ihren Eltern nicht genug Lohn zum Leben."

Der Taxifahrer schüttelt den Kopf. „Diese Gringos", sagt er.

Sie lassen anhalten und steigen aus. Die Luft ist so blau, daß auch die Berge fast durchsichtig werden. Nur ihre schneebedeckten Gipfel sind noch zu sehen. Sie schweben über dem Land wie mächtige Pilze. In der Ferne wird der Tungurahua sichtbar. Sie blicken in alle Richtungen hin und her, aber immer wieder zieht er ihre Blicke auf sich wie der Pol die Kompaßnadel. Rechts am Wegrand liegen die gewaltigen Ausläufer des Chimborazo. Er wirkt so nahe, daß man glauben kann, man würde einen Schlitten hinaufziehen können, hinunterfahren und gleich wieder unten stehen.

10

Sie verpassen die Einfahrt in die kleine Kreisstadt Baños. Das Taxi hält neben mehreren in einem Innenhof geparkten Fahrzeugen. Durch ein Tor treten sie auf die Straße hinaus. Die Fassaden der Häuser sind grau und schmutzig und erweckten den Eindruck einer heruntergekommenen Westernstadt. Eine Staubwolke kommt die Straße herauf und verschleiert den Blick. In der Straßenrinne liegt Abfall, in dem ein magerer Hund herumschnüffelt. Auf einer baufälligen, zum Gehweg hin offenen Veranda vor einem mit Wellblech gedeckten, niedrigen Haus hocken drei Männer und löffeln schweigend eine Suppe, die sie kurz zuvor an der Straße bei einer Frau gekauft haben, die in einem Aluminiumtopf herumrührt.

In ihrer Nähe sitzt eine andere auf einem Holzschemel. Zu ihren Füßen ist eine Schilfmatte ausgebreitet, auf der Apfelsinen liegen. Sie reicht Rafael die drei Früchte, nach denen er verlangt hat, mit einer so müden Handbewegung, als täte es ihr weh, sich zu rühren.

Sie sind ein merkwürdiges Paar. Sie tragen Rucksäcke, was für Einheimische ungewöhnlich ist, und sie haben die Bergstöcke nicht wie die Eispickel daran befestigt, sondern benutzen sie wie Spazierstöcke. Einige Kinder folgen ihnen. Manchmal laufen sie ihnen voraus, drehen sich um, blicken ihnen in die Gesichter und flüstern miteinander. Sie mustern jede ihrer Bewegungen, als könnten sie daraus schließen, wer sie seien. Ihre Bewegungen sind nicht mehr so sicher wie vorher, da sie wissen, daß sie sie ansehen. Er schlägt Rafael vor, er solle einen lauten Schrei ausstoßen, was sie vielleicht verscheuchen würde. Er sieht zu ihm hin, schüttelt den Kopf und meint, er solle es selbst tun, wenn er dazu Lust verspüre. So gehen sie dahin in einem Bannkreis, den ihre Absonderlichkeit um sie herum schafft. Sie sind für die anderen ein ungelöstes Rätsel.

Sie kommen an einer Schule vorbei. Hinter den Fenstern bewegen die Kinder wild die Arme, und da sie nichts hören können, wirkt es wie eine Pantomime. Ein Kind, auf dem sein Blick ruht, guckt zu ihm hin, und bald drehen auch die anderen um. Sie gehen schnell weg.

Sie gelangen auf die Plaza. Der Park in der Mitte ist ringsum von Häusern eingefaßt. Auf einer Seite befindet sich neben einem Kino ein Hotel. Unentschlossen stehen sie davor und gehen dann durch die Eingangstür. Ohne daß ihnen jemand begegnet, tappen sie durch einen dunklen, langen Flur und steigen an dessen Ende eine Treppe hoch. Ein Mädchen, das im ersten Stock Wäsche wäscht, sieht sie nicht an. Er klopft schließlich an eine Tür. Eine Frau kommt heraus, holt einen Schlüssel und schließt ihnen ein Zimmer auf. Sie gehen zum Fenster und schauen auf den großen Platz hinunter, auf dem sie eben gestanden und hinaufgeschaut haben. Ein paar Minuten legen sie sich auf die Betten, dann gehen sie wieder nach unten und sehen zu dem Zimmer hoch. Ein junger Mann spricht dort oben heftig auf ein Mädchen ein, aber dann bemerkt er, daß es das Fenster über ihrem ist.

Tungurahua, Foto: Bernadette

Sie setzen sich auf eine Bank, und er schaut den vorbeikommenden Kindern ins Gesicht, ob sie seinem Kind ähneln. Ein kleiner Junge mit einem Schulranzen auf dem Rücken und mit einem Fußball, den er unter den Arm geklemmt hat, steuert auf eine freie Bank zu. Er winkt einem älteren Schuhputzerjungen, der sofort herbeieilt, um ihm die Schuhe zu putzen. Sie sprechen kein Wort miteinander. Nach einer Weile steht der Junge auf, betrachtet seine Schuhe, die jetzt glänzen, gibt dem anderen eine Münze und geht langsam davon.

Die Dunkelheit des Abends bricht plötzlich herein, fast von einer Minute zur nächsten. Die Helligkeit des Tages verschwindet so unvermittelt, als sei die Sonne erloschen. Er ist jeden Tag aufs neue verwundert.

Die Fotografen auf der Plaza packen ihre Geräte ein. Zeitungsjungen tragen die Abendzeitung aus und schreien: diario, diario! Ihre hellen Schreie klingen wie die von Vögeln, die in Bäumen sitzen.

Aus dem Dunkel taucht ein seltsames Paar auf und geht über den Platz: Eine alte Indianerfrau schleppt einen Stock hinter sich her, an dessen Ende sich ein alter Mann festhält. Sie halten Plastikbecher in der Hand und gehen bettelnd von Bank zu Bank. Als sie zu ihnen kommen, sehen sie, daß der Mann blind ist. Er kauft einem der Jungen eine Zeitung ab. Als würde er lesen, schlendert er mit dem aufgeschlagenen Blatt dem Bettlerpaar hinterher. Die Frau zählt im Licht einer Straßenlaterne die Münzen in ihrem Napf. Ihren Mann, der noch den Stock umklammert, stellt sie neben dem Lichtmast ab und verschwindet. Wenig später kommt sie mit einem Kanten Brot zurück, von dem sie einen Teil abbricht und dem Mann in die Hand drückt. Während sie essen, hocken sie sich auf das Trottoir.

„Morgen steigen wir auf den Tungurahua", sagt er.

11

Ich erblicke die beiden über der Berghütte des Tungurahua wieder. Von oben sieht sie wie eine winzige, rot angestrichene Blechschachtel aus. Sie steht gerade auf der Grenze zwischen Wald und Lavageröll. Der Wald zieht sich bis auf viertausend Meter den Tungurahua hinauf. Einige durch Regenfälle tief eingeschnittene Wege,

die an Röhren und Höhlen von Fuchsbauten erinnern, da sie völlig von Buschwerk überwuchert sind, führen hindurch. Darüber beginnt der Steilhang aus Lavaschutt, auf dem sie stehen. Er endet weiter oben an einem Felsgrat, aber man kann ihn wegen des Nebels nicht sehen. Dahinter beginnt die Zone des ewigen Schnees.

Ein Satz fällt ihm ein: „Caminante, no hay camino, se hace camino al andar", und er versucht, ihn zu übersetzen. „Wanderer, es gibt keinen Weg, er entsteht erst, indem du gehst. Im Gehen bringst du ihn zuwege und hervor." Auf einmal begreift er: Während er sich im Land hin und her bewegt, ist er zugleich unterwegs an das Ende des Lebens. Wenn aber das wahr ist, so liegen die Dinge, die Städte, Fluren, Landschaften und dieser Berg nicht bloß ausgebreitet im Raum, sie liegen an seinem Weg und sie zeigen sich nur jemandem, der auf dem Weg ist zwischen Nichts und Nichts, zwischen den beiden Dunkelheiten an den Rändern des Lebens. Wo anders sollten sie auch sonst sein und wem sonst sollten sie erscheinen? Mit ihm ist ein Weg da und mit einem Weg ist er da. Sie gehören zueinander und das eine kann nicht ohne das andere sein.

Für einen Augenblick erkennt er, daß der Weg durch das Leben selbst ein Höhenweg ist und er ermißt den Abgrund, über den er führt. Er wird sterben und es wird nichts mehr da sein wie vorher nichts da gewesen war, wenigstens glaubt er das. Aber daß etwas da war und da gewesen war, dieser Hang, der sich den Berg hinaufzieht, erscheint ihm nun wie ein Blitzschlag in lauter Nacht.

Er wacht aus seinen Gedanken auf und bemerkt wieder, wo er sich befindet. Er geht erschöpft weiter und denkt, daß der Weg nicht mehr weiter vor ihm erscheinen wird, wenn stehenbliebe, so wenig, wie etwas vor ihm auftauchen wird, wenn er jetzt tot umfiele. Der Tungurahua entzieht sich, er verweigert sich, er scheint, wenigstens an diesem Tag, für ihn unerreichbar zu sein. Es ist nicht mehr der milde, sanfte Berg, den sie vom Tal aus gesehen haben. Er legt zwischen sich und ihnen die Kälte, den Nebel, den Wind. An diesem Tag ist er so entlegen, daß es ihm unmöglich scheint, den Fuß dorthin zu setzen.

Der Nebel ist sehr dicht. Rafael geht vor ihm. Er läuft leicht und locker direkt den Berg hinauf, und er kann ihn kaum noch sehen. Ihm fällt ein, daß er ihn nicht hören würde, und er ruft ihm zu, er solle etwas langsamer laufen, aber er ist schon verschwunden. Er bekommt Zorn auf ihn, weil er einfach weitergelaufen ist, und Angst, daß er sich verirren könne. An diesem Tag fühlt er sich nicht wohl. Es ist ihm unmöglich, wie Rafael direkt den Berg hinaufzulaufen. Deshalb dreht er sich seitwärts zum Berg und hebt die Füße parallel zueinander. Er merkt bald, daß ihm der Aufstieg leichter fällt, wenn er den linken Fuß bergwärts hält und den rechten darüberhebt. Auch jetzt steigt er nicht direkt aufwärts, sondern in einem Winkel von etwa fünfundvierzig Grad. Er wird sehr weit nach rechts abgetrieben. Er sucht nach Stellen, wo Moos und Flechten den Lavasand überwuchert haben und wo er festen Fuß fassen kann. Sie ziehen sich manchmal vierzig oder fünfzig Meter den Hang hinauf. Auch Blumen wachsen dort. Schließlich hört der Pflanzenwuchs ganz auf und er steht mitten im Lavasand.

Oben sieht er jetzt im Nebel die ersten Felsen, und als er sie zwei Stunden später durchstiegen hat, erblickt er einen Schneehang vor sich. Er zieht sich sanft hinauf. Er wirkt wie der Rücken eines riesigen Tieres. Zur Rechten sieht er in das Kraterloch, aber nicht sehr tief, weil der Nebel es verhüllt. Nach der anderen Seite fällt der Berg weniger steil ab. Auch dort bildet nach wenigen Metern der Nebel eine Grenze für die Augen. Einige Kilometer weit entfernt am Fuße des Berges liegt der Marktplatz von Baños mit Palmen, die in der Sonne stehen, aber das ist jetzt außerhalb der Welt. Die Welt reicht nur so weit wie seine Augen, und Rafael und er scheinen die einzigen Lebewesen zu sein, die darin existieren.

In der Ferne sieht er Rafael. Er hat immer wieder voll Sorge an ihn denken müssen und ist jetzt beruhigt, aber zugleich regt sich sein Zorn wieder. Er hockt oben auf der Bergspitze im Schnee und reibt sich die Hände. Er hält sie über einen Eisblock, als sei es ein brennender Holzscheit, an dem er sich wärmen wolle. Er läuft etwas schneller. Vor Kälte kann er den Mund kaum bewegen. Er beugt sich über ihn und sieht, daß Tränen aus seinen Augen rinnen.

„Ich weine nicht, ich weine nur vor Kälte. Man kann nicht bis zu den Shuar sehen.“

„Nein, es ist zu neblig.“

Der Block, vor dem er sitzt, ist ein vergängliches Denkmal aus Eis und Schnee, das jemand auf der höchsten Erhebung des Berges errichtet hat. Sonst ist dort nichts, nur Schnee, Nebel und sonst nichts. Er denkt: „Jetzt sind wir die ganze Zeit gegangen, um auf diesem Platz anzukommen.“ Aber sie sind schon wieder im Begriff, ihn zu verlassen. Er dreht sich um, um ihn noch einmal zu sehen und nichts davon zu vergessen. Er sagt: Auf Wiedersehen, und dann sagt er: Auf Nicht-mehr-Wiedersehen. Ständig verlassen wir Dinge und sehen sie zum letzten Mal, ohne daß es uns bewußt wird. Sie sind wie die Buchstaben auf den Seiten eines Buches, die wir beim Lesen umblättern, bis wir es endgültig zuschlagen. Aber jetzt ist ihm klar, daß er nie mehr hierherkommen wird, und er nimmt Abschied.

Ein wenig Stolz ergreift ihn, daß sie es geschafft haben.

Er nimmt Abschied von diesem kleinen Eisblock, den irgend jemand aufgehäuft hat und der wie ein kleiner unförmiger Schneemann aussieht, und es scheint ihm, daß er zugleich Abschied von der Welt nimmt, der er den Rücken zukehrt, indem er den Hang hinunterläuft.

12

Der Altarraum ist vom übrigen Kirchenraum durch ein Gitter getrennt. Er ist fast ganz mit einem mächtigen Tuch ausgelegt, das man so gefaltet hat, daß die Landschaften der Erde nachgebildet sind: Ebenen, Hügel, Täler, Berge. Auf dem höchsten Berg in der Mitte steht die Madonna.

Der Küster geht ein paarmal im Altarraum hin und her, verschwindet dann und kommt mit Streichhölzern wieder und zündet die Kerzen an, die in Haltern rechts und links neben dem Altar stecken. Er holt einen Besen und beginnt zu kehren. Sie schauen ihm bei der Arbeit zu wie die Zuschauer einem Schauspieler, der nur für sie spielt. Er muß sich erst klarmachen, daß der Küster jetzt auch in der Kirche fegen würde, wenn sie nicht da wären. Auch die Leute würden auf der Straße vor der Kirche hin und her gehen, wenn sie beide in Deutschland geblieben wären. Von diesem Leben haben sie nichts gewußt, und die ganze Zeit über hat es ohne sie existiert.

„Glaubst du, er hat schon Schnee gesehen?" fragt er Rafael.

„Gesehen schon, aber nicht angefaßt. Aber wir. Gestern."

„Es ist kaum zu glauben, daß es gestern gewesen ist."

Als der Küster bis zu ihrer Reihe gekommen ist, stehen sie auf und gehen hinaus. Nur noch einige Fußgänger sind unterwegs, und die Verkäufer stehen verlassen neben ihren Verkaufstischen.

An der Straßenecke taucht ein Mann auf. Man weiß nicht, ob er geistig verwirrt oder hoffnungslos betrunken ist. Er schiebt abwechselnd den einen, dann den anderen Fuß vor, dazwischen hängt ein zerrissenes Hosenbein, das er im Staub der Straße mit sich fortzieht.

Es sieht aus wie ein dreckiger Lumpen, in dem er sich verfangen hat und der ihn am Fortkommen hindert. Alle paar Meter hält er an und tippt mit den Spitzen der abgespreizten Finger auf irgendwelche Gegenstände, die sich in seiner Nähe befinden, als müsse er sich ständig der Umwelt vergewissern. Dann nickt er mit dem Kopf, beim Weitergehen wird eine verneinende Gebärde daraus.

Er kann sich nicht vorstellen, daß der Mann jemals anders ausgesehen hat und ein Kind gewesen ist, oder wie aus diesem Kind der Bettler geworden ist auf einem langen Weg, der ihn in das Land des Elends und des Alters geführt hat. Wahrscheinlich war seine Mutter längst tot, und das war gut so. Denn wenn sie ihn gesehen hätte, hätte sie weinen müssen.

„Kann es sein", fragt er, „daß es der liebe Gott ist?"

Rafael sieht ihn vorwurfsvoll an.

„Ich mache mich nicht über ihn lustig. Es ist kein Spaß. In alten Geschichten wird erzählt, daß Gott als Bettler verkleidet auf die Erde kommt. Er geht von Haus zu Haus und bittet die Menschen, daß sie ihn aufnehmen. Natürlich will er prüfen, ob sie ein gutes Herz haben."

„Glaubst du das?"

„Nein", sagt er. „Ich weiß ja nicht einmal, ob es Gott gibt. Gewiß aber ist es kein Gott, der sich als Bettler verkleidet. Trotzdem wollen wir ihm etwas geben, aber ich weiß nicht wie."

Er sieht, daß der Bettler in der einen Hand einen Stock hält, die andere ist völlig zusammengekrampft.

„Vielleicht kannst du es ihm in den Becher tun, der ihm an der Seite an einer Schnur herunterhängt", meint Rafael.

„Und wenn es einer wegnimmt?"

„Dann können wir auch nichts machen."

Er läuft hin, knüllt einen Geldschein zusammen und steckt ihn in den Becher.

„Ich glaube, er hat es gar nicht gemerkt", sagt er, als er zurückkommt.

Sie gehen in ein Restaurant, um etwas zu essen. Eine Angestellte wischt den Tisch mit den zeitlupenhaften Bewegungen eines im Urwald lebenden Faultiers. Plötzlich erklingt im Hintergrund Radiomusik, und da beginnt sie zu wienern, als sei eben der Putzteufel in sie gefahren.

Sie gehen hinaus und kommen an einem Holzpodest vorbei, das mit Palmzweigen geschmückt ist.

„Es ist ein Tanzboden, den man für die Silvesternacht aufgestellt hat", sagt er.

Sie sehen noch mehrere dieser Holzgestelle.

„Sie sind nicht für einen Tanz da", meint Rafael, „denn es hätte gerade ein einziges Paar darauf Platz."

„Warten wir es ab, wofür sie da sind."

Inzwischen ist es sechs Uhr geworden. Er sagte zu Rafael: „In Deutschland ist es gerade Mitternacht. Von unserem Haus sehen sie jetzt hinaus in das Rheintal. Unten in der Stadt und in den fernen Dörfern des Kaiserstuhls wird das neue Jahr eingeläutet. Es zieht am Himmel entlang, und wo es hinkommt, wird es jubelnd empfangen. Die Menschen schießen Raketen in die Luft und heften ihm einen Kometenschweif an, mit dem es über Länder und Kontinente zieht. In sechs Stunden wird es hier sein."

13

Wieder ein Stück weiter zu mir hin. Sie gehen in die Kirche, in der sie am Mittag gewesen sind. Er setzt sich in eine Bank und denkt an die Auferstehung. Immer wenn er in einer Kirche ist, denkt er daran, aber es scheint ihm etwas so Unglaubliches, daß er nicht verstehen kann, daß andere sie einfach herbeibeten.

Irgendwann hatte er aufgehört daran zu glauben so wie ein Kind eines Tages aufhört daran zu glauben, daß es den Weihnachtsmann gibt. Er war ein aufgeklärter Mensch. Allerdings gab es Augenblicke, die ihn erschütterten. Er fiel dann aus der Sicherheit des Alltags heraus. Er kam sich wie ein Seiltänzer vor, unter dem gerade das Netz weggezogen wird. Das Dasein der Welt und seiner selbst erschien ihm plötzlich nicht mehr fraglos und selbstverständlich. Er verstand nicht mehr, weshalb es die Welt, weshalb es ihn, weshalb es überhaupt etwas gab. Es kam ihm grundlos vor. Verständlicher wäre es gewesen, wenn nichts gewesen wäre. Allerdings wäre dann auch nichts zu verstehen gewesen. Diese Erschütterungen konnten mehr oder weniger heftig sein. Er war ein aufgeklärter Mensch, aber er sagte sich dann: „Wenn dies möglich ist, daß ich hier sitze, warum sollte nicht auch ein anderes Leben nach dem Tod möglich sein?" Er hoffte darauf, er verlangte geradezu danach, denn er wollte Aufklärung darüber erhalten: „Was ist das gewesen, was da gewesen ist?" In diesem Leben aber würde er keine Klarheit erhalten.

Jetzt sitzt er in der Kirchenbank und denkt an die letzten Dinge, die er sehen wird und die womöglich gar nicht die letzten sein werden. Er ist auf einer Reise, aber sie ist nur ein Abschnitt einer anderen, die ihn an das Ende führen wird. Sie ist unaufhaltsam und unumkehrbar. Es ist bis dahin nicht so und so weit und er wird nicht so und so lange brauchen, so und so viele Tage etwa. Es ist noch nicht so weit und solange es noch nicht so weit ist, solange ihm noch Zeit gewährt und Raum gegeben wird, wird er durch die Tage und Nächte geführt werden, die sich vor ihm auftun und die Landschaften betreten, die dahinter liegen.

Das Wegende aber liegt am Ende des Wegs und die letzten Dingen kommen zuletzt. Jetzt sind sie so unerreichbar wie das Land hinter der Nacht, es gibt sie so wenig wie den Tag, der es morgen erleuchten wird, sie sind so unberührbar wie der Schnee der kommenden Jahre, der auf die Erde fallen wird. Es gibt sie nicht, sie begeben sich erst. Er kann nicht hingehen, dennoch geht er hin, er kann gar nicht anders. Dort, wohin er geht, war noch niemand, und er geht dorthin, damit etwas sei.

Schließlich wird er zu jenem Ort kommen, an dem er sterben wird. Er ist noch nicht da und doch ist er von Anfang an da gewesen. Die letzten Dinge sind da, ohne schon da zu sein und sie werden schließlich hervorkommen, weil er unterwegs ist, und so ist es mit allen Dingen, die zwischen ihm und den letzten liegen. Und so war es auch mit der Kirchenbank gewesen, auf der er sitzt. Sie war noch nicht da gewesen und nun war sie da, weil er unterwegs gewesen war.

Er sitzt in der Kirchenbank und während er da sitzt, ist er unterwegs zu dem Berghang, auf dem ich stehe. Natürlich spricht man nicht so, wie kann er auf dem Weg sein, während er dort sitzt? Er wird erst unterwegs sein, wenn er sich auf den Weg machen wird. Niemand spricht so. Niemand sagt, daß er unterwegs zu einer Frühlingswiese sei, wenn Winter ist, es sei denn, er meine eine Wiese in einem Land, in dem Frühling ist. Aber es sagt auch niemand, daß er unterwegs sei zu den letzten Dingen, die er in diesem Leben sehen wird. Und doch ist er da hin unterwegs. Und so wie man nicht sagt, daß man unterwegs sei zu den letzten Dingen, obwohl es so ist, so sagt man auch nicht, daß man unterwegs sei zu einer Frühlingswiese, wenn es Winter ist, oder zu einem Berghang, während man in der Kirche sitzt, obwohl es so ist.

Inzwischen hat sich die Kirche gefüllt. Sie ist jetzt voll besetzt. Noch nie hat er so inbrünstige Beter gesehen. Sie blicken mit verzückten Augen zum Altar hin. Ihre Augen glänzen, als würden sie dort etwas sehen, was sie mit Hoffnung und Zuversicht erfüllt, als würden sie in die Zukunft sehen wie in ein Land, in dem es Brot und Arbeit gibt. Sie drängen sich vorn am Lettner. Die Kleinkinder rutschen zu ihren Füßen am Boden herum, den am Vormittag der Küster gefegt hat. Sie lassen sich nicht stören. Rechts und links auf den Chorstühlen sitzen besser gekleidete Damen und Herren. Einige bleiben die ganze Zeit über sitzen, während andere aufstehen und sich durch hinzukommende Familienmitglieder oder Freunde ersetzen lassen. Unter ihnen sind auch Jugendliche. Sie rutschen auf den Stühlen hin und her, bis sie sich wieder verdrücken dürfen. Die Indios vorn am Lettner geben dem Küster Madonnenpuppen in die

Hand, die sie gerade im Nebenraum erstanden haben. Die Mutigsten zeigen auf die Stelle, wo er sie hinsetzen soll. Der Küster geht mit den Puppen fort, und einige stellt er an den Platz, um den er gebeten wurde. Die besten Plätze sind nahe der Altarmitte, wo die riesige Madonna steht.

Jetzt erhebt sich einer der Herren und nimmt aus der Menge eine besonders große und scheußliche Puppe in Empfang und stellt sie nahe bei der Muttergottes auf, so daß alle es sehen können. Sogleich ist auch ein Fotograf zur Stelle, der eine Blitzlichtaufnahme macht. Der Pfarrer hält eine Rede. Dann nimmt ihm eine der Damen das Mikrofon aus der Hand und beginnt den Herrn mit kräftiger Stimme zu loben. Die Gemeinde fällt in den Gesang ein: Halleluja, halleluja.

Die Indios holen die Puppen wieder ab.

„Warum tun sie das?" fragt Rafael.

„Ich glaube, sie stellen sie zu Hause neben das Foto der Tochter, des Sohnes oder eines verstorbenen Angehörigen. Die Puppen haben etwas von der Wunderkraft der Madonna in der Kirche angenommen, und zwar um so mehr, je näher sie ihr gewesen sind. Deshalb haben sie so großen Wert darauf gelegt, daß sie möglichst in ihrer Nähe standen."

„Wer sind die Leute dort vorn?" fragt Rafael.

Er wendet sich an einen jungen Mann neben ihm: „Wer sind die Leute in den Chorstühlen?"

Er sagt: „Es sind die Lektoren."

„Und wer sind die Lektoren?"

Er sieht ihn fragend an.

„Sind es die Reichen oder die Armen?"

„Die Reichen."

„Die Hazienderos?"

„Ja."

„Und warum sitzen auf den Stühlen nicht die Armen?"

Er antwortet nicht, aber er scheint ihm erstaunt zu sein, und er hat den Eindruck, daß er sich von nun an selbst diese Frage stellen wird.

„Es sind die Reichen, die dem Pfarrer helfen", sagt er zu Rafael. „Wollen wir gehen?"

„Ja, gehen wir."

Auch die Straßen sind jetzt voller Menschen. Sie sind aus den umliegenden Dörfern und Weilern gekommen. Offene Lastwagen fahren durch die Menge, beladen mit Männern, Frauen und Kindern. Er fragt sich, wohin sie wollen, bis ihm klar wird, daß es ihr Vergnügen ist, durch die überfüllten Straßen zu fahren.

Auf den Holzpodesten sind Puppen aufgestellt worden, manche lebensgroß und -echt. Sie stellen den Präsidenten des Landes, Minister, Generäle und Fernsehstars dar. Er sieht auch Japaner in blauen Monteuranzügen, die irgendwo im Urwald an einem Projekt arbeiten, und Soldaten mit Fallschirmen und Maschinengewehren. Neben den Figuren stehen Schilder mit Spottversen. Er versucht sie zu entziffern, versteht aber nur selten den Sinn, da ihm die Kenntnisse über die politischen Zusammenhänge fehlen. Offenbar würde man gerne die Personen an den Pranger stellen, aber da man es nicht kann, tut man es mit ihren Abbildern.

Als das neue Jahr in dem kleinen Ort Baños ankommt, holen die Einwohner die Puppen von den Podesten. Sie ziehen ihnen Hosen, Hemden, Jacken, Schuhe, Strümpfe und alles andere aus, was ihnen an ihnen wert scheint. Dann werfen sie die Puppen auf die Straße, schlagen sie mit Ruten, übergießen sie mit Benzin und zünden sie an. Mindestens zehnmal sieht er den Präsidenten brennen, und im Land schickt man ihn tausendmal zur Hölle.

Die Feuer erhellen die Nacht, aber der Rauch, der von ihnen aufsteigt, legt sich wie ein Nebel darüber. Autos fahren im Zickzack um sie herum. Allmählich verläuft sich die Menge. Er sieht die Straße hinunter. Es sieht aus wie nach einem Barrikadenkampf, und er sagt: „Ich wünschte, es wäre die Revolution und sie verliefe so unblutig."

„Was ist eine Revolution?"

„Ein Bürgerkrieg. Eine Umwälzung. Was unten ist, kommt nach oben."

Sie gehen langsam zu ihrem Hotel zurück. Er denkt: „Morgen fahren wir zum Cotopaxi. Wenn wir hinaufsteigen, ist es wie unsere private Revolution. Ich steige mit meinem Kind, das in diesem Land ganz unten war, hoch hinauf."

14

Sie haben vor ein paar Stunden die Berghütte am Cotopaxi verlassen und sind auf dem Weg zum Gipfel. Sie entfernen sich also, aber für mich ist es klar, daß sie sich nähern. Ich bin ihnen vorausgeeilt. Sie sind hinter mir zurückgeblieben. Ich erwarte sie, bis sie mich eingeholt haben.

Die Stunden vergehen, während sie aufwärts steigen. Der Berg erniedrigt und demütigt sie. Ehe er sie groß macht, macht er sie klein. Er macht sie zu gedankenlosen, nach Atem ringenden Wesen. Sie sind in Raum und Zeit gebannt und kaum noch taucht der Gedanke an etwas Tröstliches auf, das jenseits dieser Welt liegt. Einmal denkt er an einen großen Fisch, den er auf einer Klippe in Griechenland gesehen hat. Er rang nach Luft oder nach dem Element, in dem er atmen konnte.

Hin und wieder dreht er sich um und sieht weit hinter ihnen die Spur, die sie durch den Schnee gelegt haben. Er wirft Rafael einen Blick zu und fragt, wie es ihm gehe. Die Luft ist dünn und scheint seine Stimme kaum zu tragen. Er erinnert sich, wie er ihn einmal in den Alpen gesehen hat, er kroch auf allen vieren das letzte Stück eines Berges hinauf, manchmal anhaltend, um sich zu erbrechen, aber voller Willen hinaufzukommen.

„Na, wie geht's, mein Alter?" fragt er.

Er steht einen Meter neben ihm auf der Schneefläche, die sich nach oben immer weiter ausdehnt.

„Na, wie geht's?" fragt er wieder.

„Es geht."

„Werden wir es schaffen?"

„Ich schon. Ich weiß aber nicht, wie es mit dir ist."

„Es geht schon", sagt er.

Er heftet seinen Blick wieder auf den schneebedeckten Boden, dorthin, wohin er den nächsten Schritt setzen wird. Er will nicht mehr den Kopf heben, um nicht die Hoffnung zu verlieren, wenn er die weiten Schneeflächen vor sich sehen wird. Seine Schritte sind klein wie die eines Kindes oder eines alten Mannes. Ein Fuß überholt den anderen nicht mehr. Er versucht, sich in den Rhythmus seiner Schritte zu versenken, und zählt: eins, zwei, eins, zwei, tick, tack, tick, tack. Es ist ein ganz mechanisches Vorwärtstrotten.

Sein Körper ist wie ein Lasttier, auf dem sein Wille reitet. Er wünscht bloß noch, daß es nicht mehr weitergehe, daß die Erde aufhören würde und damit auch seine Leiden. Die Brust tut ihm weh, der Schmerz konzentriert sich an einer Stelle, als würde dort ein Messer sitzen, und der Schmerz dehnt sich wellenförmig aus.

Dann hebt er zum erstenmal wieder den Kopf und sieht weit hinter der nächsten Bergflanke den Himmel wie eine Verheißung. Er ist ganz klar, aber jetzt erscheint es ihm so, als habe er die vergangenen Jahre, Monate und Tage so viel Schnee vor ihnen aufgetürmt, daß sie die Spitze nie erreichen würden.

Er sieht wieder zu Rafael hin. Er ist ein Stück zu ihm aufgelaufen und sieht ihn lächelnd an. Er wirft ihm einen aufmunternden Blick zu. Vielleicht hofft er, er würde „nein" sagen oder: „es geht nicht mehr". Aber er schweigt und geht weiter.

Endlich erreichen sie den Yana Sacha, den Schwarzen Berg, einen Felsstein, den sie von der Ebene aus mit bloßem Auge gesehen haben. An seinem Fuß läuft noch einmal eine Spalte entlang. Eine feste, sichere Schneebrücke führt hinüber, die ihn an eine herabgelassene Zugbrücke über einen Burggraben erinnert. Bisher war es fast windstill gewesen. Plötzlich fällt von links der Wind ein. Er reißt ihnen die Luft vom Mund weg, und sie schnappen danach wie

Erstickende. Jetzt beginnt die letzte und steilste Wegstrecke.

Er weiß, daß es mit den Abenteuern wie mit den guten Taten ist. Sie verlieren ihren Wert, wenn sie in aller Öffentlichkeit ausgeführt werden. Man weiß nicht mehr, ob sie tatsächlich aus Mut oder aus Barmherzigkeit ausgeübt werden oder nur aus Eitelkeit. Der wirklich Tapfere oder Gute braucht keine Zuschauer. Er weiß es, und dennoch stellt er sich in diesem Augenblick der vollkommenen Einsamkeit und Abgeschiedenheit vor, daß der Weg zum Gipfel von Zuschauern bevölkert ist, als sei es die Zielgerade, in die sie nach einem langen Rennen einbiegen, wo die Schaulustigen dicht gedrängt Spalier stehen.

Er sieht die Kinder aus dem Waisenhaus und die Damen und Herren aus dem Colon. Sie stehen in luftigen Kleidern und Ausgehanzügen mitten auf der Schneefläche. Auch die Kinder von der Panamericana knien dort. Er weiß nicht, wie sie sich verhalten, ob sie applaudieren oder ihnen die Daumen drücken oder hoffen, daß sie so kurz vor dem Ziel stolpern und straucheln werden, aber er will ihnen allen, nicht bloß ihnen beiden, beweisen, daß sie hinaufkommen werden. Der Verstand sagt ihm, daß es unmöglich ist, und doch möchte er behaupten, daß er sie dort oben gesehen hat.

Verwundert nimmt er wahr, daß die Welt nicht unter ihnen zurückgeblieben, sondern mit ihnen hinaufgekommen ist. Er sieht Rafael an, der gebückt und wie in sich gekehrt geht. Er schleppt schwer. Er schleppt nicht bloß sich hinauf, sondern das ganze Land, um es auf der Spitze wie ein Tischtuch vor sich auszubreiten: den Erdboden, auf dem die lehmfarbenen Indios hocken, die Küste, die Berge und Täler, die Urwälder mit den Strömen, die Dörfer und Städte, die ganze Schönheit und vor allem Quito mit seinem Gewirr von Gassen und Straßen, mit der Armut und dem augenfälligen Elend seiner Bewohner. Diese Vorstellung gibt ihm Kraft und er macht ein paar schnellere Schritte.

Cotopaxi, Foto: Jorge J. Anholzer

Die letzten Meter zieht er Rafael an der Hand hinauf. Er bleibt schweratmend neben ihm sitzen. Er legt den rechten Arm um seine Schulter und zieht ihn an sich. Dann legen sie sich auf den Rücken. Sie sehen jetzt bloß noch den Himmel über sich und müssen laut lachen.

Als sie sich etwas erholt haben, sieht er sich den Platz genau an, auf dem sie sich befinden. Es ist ein kleines, flaches Plateau. Nach der rechten Seite fällt es nach ein paar Metern zur Kraterwand steil ab, nach links weniger steil zu dem Schneehang, den sie gerade erstiegen haben. Trotz des Nebels, der durch die Luft zieht, erkennen sie, daß sie auf dem höchsten Punkt angekommen sind.

Sie sind jetzt an jenem Ort der Erde, nach dem er sich so lange gesehnt hat, und an die Stelle der Vorstellung ist die Wirklichkeit getreten. Er staunt, wie sie hierher gekommen sind, doch scheint es ihm nicht ohne Logik zu sein.

Langsam dreht er sich im Kreise. Er sieht nach Norden, Osten, Süden und Westen. Die Sonne steht jetzt schräg über ihnen. Sie sehen eine Vielzahl von Bergen, unter denen der Cayambe, der

Iliniza, der Tungurahua und der Chimborazo herausragen. Sie schauen herein wie Besucher durch eine offene Tür. Tief unter ihnen schweben Wolken. Sie verdecken einen Teil des Paramos, der gewellten, grünen und braunen Hochebene.

In der Ferne liegen die Gegenden und Landschaften, die er nicht sehen kann, weil sie hinter dem Horizont sich befinden. Er sieht den ganzen südlichen Kontinent vor sich, wie man ihn auf Landkarten sieht oder auf Aufnahmen aus dem Weltall, nur mächtiger, größer. Das Meer schlägt an beiden Seiten an die Küsten. Aus seiner Tiefe taucht das Land auf, es schwingt sich über das Meer hinauf in jene Höhe, auf der sie stehen. Er sieht nach Osten in den Oriente hinunter und denkt an die Ströme, die zum Amazonas fließen und läßt sich mit dem Wasser mittreiben an den Städten Iquitos und Manaus vorbei, bis er wieder ans Meer kommt. Und er denkt, daß man das Wasser des Ozeans und den Schnee der Berge nehmen müßte, um dieses Land und diesen Kontinent vom Elend reinzuwaschen.

Er sieht Rafael an, der ein paar Meter neben ihm steht und in die Ferne schaut. So hat er ihn sehr oft neben sich gesehen, aber nun stehen sie auf dem Cotopaxi. Natürlich hat er erproben wollen, ob sie es schaffen würden, ob Rafael schon alt und er noch jung genug ist. Es ist auch eine Art stummer Revolution, wo man das unterste zuoberst kehrt, und er genießt einen stillen Triumph, daß es gelungen ist. Auch war es eine Bewährungsprobe für Rafael. Jetzt aber ist ihm plötzlich klar, warum sie hinaufgestiegen sind.

Er sieht wieder zum Chimborazo hinüber. Dann sieht er Rafael an. Er hat sich in den Schnee gesetzt und blickt hinab. Die Stadt mit dem goldenen Engel, dem Waisenhaus und der Calle Maldonado liegt unter ein paar Wolken. Er ahnt, woran Rafael denkt. Langsam geht er zu ihm hinüber und legt ihm den Arm um die Schulter.

„Wir haben noch ein paar Tage Zeit", sagt er. „Wir steigen jetzt hinab und werden deine Urkunde holen. Wenn die Leute fragen, woher du kommst, was wirst du antworten?"

„Aus Deutschland."

„Ja, aber du kannst auch sagen: Von oben, von den Vulkanen, ich weiß jetzt, warum wir auf diese Berge gestiegen sind."

Rafael sieht ihn fragend an, und er weiß nicht, ob er ihn verstanden hat. „Nicht, um von hier oben herunterzuspucken. Ich wollte dir dein Land zu Füßen legen, wenigstens einen Augenblick lang."

Dann drehen sie sich um und steigen ab. Dabei orientieren sie sich an der Spur, die sie beim Aufstieg zwischen Hütte und Bergspitze gelegt haben.

Aber für mich kehren sie nicht um, sie sind weiter auf dem Weg zu mir, nun schon ganz nah. Die Spur aber kommt aus der Vergangenheit und endet an der Gegenwart und jeder Schritt, den sie tun, führt sie in die Zukunft.

Der Abstieg wäre leicht, wenn nicht der Aufstieg Kraft gekostet hätte. Einige Male hängen sie sich in die Bergstöcke und atmen tief durch. Der Weg zieht sich länger hin, als sie erwartet haben.

Endlich erscheinen sie über dem letzten Schneehang, der sie verdeckt hat. Sie treten aus dem Reich der Vorstellung in die Wirklichkeit ein. Ich sehe zuerst ihre Köpfe. Sie nehmen den kürzesten Weg und laufen den Abhang hinunter. Einige Male fallen sie, aber sie rappeln sich sogleich auf und laufen weiter. Offenbar sind sie müde. Allmählich werden sie größer, bis sie Lebensgröße erreicht haben und vor mir stehen. „Da seid ihr ja endlich", sage ich.